用心教育，用爱育人

做学生成长路上的**摆渡人**

张吉松 / 著

东北师范大学出版社
长春

图书在版编目（CIP）数据

用心教育，用爱育人：做学生成长路上的摆渡人 / 张吉松著. — 长春：东北师范大学出版社，2020.7
ISBN 978-7-5681-7061-1

Ⅰ.①用… Ⅱ.①张… Ⅲ.①教育研究 Ⅳ.①G40-03

中国版本图书馆CIP数据核字（2020）第141273号

□责任编辑：邓江英　　　　□封面设计：言之凿
□责任校对：刘彦妮　张小娅　□责任印制：许　冰

东北师范大学出版社出版发行
长春净月经济开发区金宝街 118 号（邮政编码：130117）
电话：0431-84568115
网址：http：//www.nenup.com
北京言之凿文化发展有限公司设计部制版
北京政采印刷服务有限公司印装
北京市中关村科技园区通州园金桥科技产业基地环科中路 17 号（邮编：101102）
2022年6月第1版　2022年6月第1次印刷
幅面尺寸：170mm × 240mm　印张：13.25　字数：209千

定价：45.00元

序言

PREFACE

写一本关于自己成长的书，是我多年以来的梦想。成为山东省第四期齐鲁名师建设工程人选以来，我对自己的人生思考了许多，想以自传体的形式系统梳理工作十九年来我在教育教学上的所思所想，留作人生的一段美好记忆。

在齐鲁名师建设工程人选面试时，我提出了自己的教育理念——“用心教育，用爱育人”，并从三个方面进行阐述：（学生观）尊重教育规律和学生身心发展规律，关注每一位学生的长远发展，以生为本，因材施教，力争带好每一名学生；（教师观）严格自律，树立终身学习的理念，与时俱进，认真贯彻党的教育方针，用心做教育，争做创新型教师；（教学观）注重课堂效率的提高，按照“先学后教，以学定教，小组合作，当堂达标”的教学思路，从语言能力、文化意识、思维品质、学习能力等方面渗透英语学科核心素养，把育人放在第一位，深入落实十九大报告提出的立德树人根本任务。这一教育思想统领了十九年来我在教学、班级管理、团委工作、教科研等方面的基本思路，也必将指引我今后努力的方向。

从高考失利到艰难完成大学学业，从初为人师的茫然到学会规划人生，一步一步走来，我明白一个人的成长和其执着的奋斗精神不可分割。一个人的成功，有其偶然性，可遇不可求，但实力担当是前提。所有优秀的背后，都是苦行僧般的严格自律。人生最痛苦的事情，不是我不行，而是我本可以。在与专家的交流和思想碰撞中，我看到了自己的不足，学到了很多知识。提升自身能力，才能不断成长。时不我待，我要静下心来，勤奋好学，追求教学艺术的精湛，保持一颗进取心，做一个有品位、有趣味的人，以一种洞察力，体察需求，感受脉动。期待自己借助齐鲁名师平台，倒逼成长，实现自我专业突破。

优秀的人都在与时间赛跑！我呢？作为一名普通教师，必须增强个体发展的内驱力，实现成长的自觉。期望通过齐鲁名师培养工程，使自己的理论知识与实践知识有所提高，使自己的专业发展境界有所提升。

作为学生生命中的摆渡人，只有提升自身素养，按照习主席提出的“做有理想信念、有道德情操、有扎实学识、有仁爱之心”的“四有”标准，才能够真正做到不忘教育初心，牢记育人使命！所有的成长都需要花时间来完成，所有的专业性都需要时间淬炼出来。我坚信：我定能与专家携手前行，一起成就教育的美，并成就于教育的美，待来年忆起时，眼里全是光芒，笑里全是坦荡。

新时代是奋斗者的时代，追梦人的舞台更加宽广。我要向奋斗者学习，踏踏实实干好工作，用奋斗书写幸福人生，用奋斗敲开幸福之门。努力进取，以不忘教育初心的情怀，追寻我的教育梦想，争做时代的追梦人！

张吉松

2020年1月1日

目录

CONTENTS

第四章

科研引领促我成长

第五章

创新助推团委工作

第六章

看今朝，重任在肩

第七章

人生感悟教育随笔

第一章

忆往昔，峥嵘岁月

不惑之年，我更加坚信：一个人的成长和个人的经历及生活阅历有着密切联系。所有成功的背后都是严格自律。在走向齐鲁名师的路上，反思自己的成长史，剖析自我，希望我的经历能够对正在努力进取的你有一定的帮助。

一路坎坷求学路

每次高考外出监考，在考场上望着眼前奋笔疾书的学生，我总会想起自己1998年参加高考的经历。1998年的高考是我人生的重大转折，深深影响了我。带着高考的挫败感，我踏进滨州师专的校门。家境的极度贫困和对所学专业的不情愿，注定我的求学路一路坎坷。

在农村长大、毫无特长、家境贫困的我，认准只有认真学习才能够改变自己的命运。从小学到高中，我始终是父母心中的好孩子，老师眼中的好学生，好学上进，不用扬鞭自奋蹄。我的中考成绩为584分，以全县第36名的优异成绩升入沾化一中，体育测试仅30分（满分50分，我可能是当初能够进入沾化一中而体育分最低的学生），刚及格。当时高一年级10个平行班，我在高一（1）班，班级排名第四。高一一年，我的成绩相对稳定，各学科全面发展，理科成绩略占优势。但进入高二前，我最终选择了文科，以班级第三的成绩进入高二（3）班。高二这一年，我的成绩出现波动，原先的优势下滑，也许文科不是我的最佳选择。这一年，父亲的糖尿病和心脏病加重。当时还没有治疗糖尿病的专用药，因为误诊，父亲用治胃病的药治疗，身体越来越差。每次周末回家拿干粮，望着躺在炕上的父亲，我心如刀割，期望通过自己的努力改变家庭的现状。高二暑假，我在老家的西屋专门整理了一个适合学习的地方，列计划、张贴上墙、倒计时，督促自己严格落实，争取高三更进一步。转眼进入高三，学习的压力和家庭的现状，加上营养严重不良，高三一年我生病五次，耽误近一个半月的时间。现在的高中生对食堂的饭菜有时不满意，他们很难想象当初因为家境贫穷，我连在食堂吃饭的资格都没有。每周回家带干粮和咸菜，用白开水泡干粮，吃着用豆油炒的咸菜，我感觉很幸福。有一次，同桌给我一袋维维豆奶粉，那是我生平第一次喝。在长身体的阶段营养不良又压力过大，生病也成为必然。每次病愈回校，看着课桌上一摞试卷，内心更为惶恐。高考是人生的转折点，想要改变现状的我当然不能忽视这个关键的时刻。

记得高三下学期一次模拟考试，考得很不理想，我跑到学校操场大哭了一场，无助，压抑，高考失利也就成为必然。师专及工作后的几年，我经常被噩梦惊醒，悔恨、遗憾，但内心不服输的性格让我立志今后在其他方面要变得优秀。

1998年8月26日，我以特困生的身份，坐在大学校园的教室，开始了两年的师专生活。当时国家对家庭贫困的学生不像现在有明确的帮扶政策，所以说当时帮助过我的人，都是出于纯朴的同情心和善意。为了减轻家庭的经济负担，我找到学校领导，申请勤工俭学。师专两年，两个寒假和一个暑假，我都是在学校度过的。清扫校园卫生是我的主要职责，每天10元。寒假期间，所有同学一放假就回家过年，而我只能腊月二十八回家，正月初三就得回校。时间一长，住在校园的老师也把我当作学校的一员。同时利用寒暑假和周末时间，在老师们的帮助下，我找了几份家教工作，既锻炼了自己的能力，又将所学的知识运用于实践。1999年的五一，我找了一份干建筑的活，给马路砌路边石。搬运路边石，一共干了三天，每天15元。过后，近一周时间，我浑身酸痛，深切体会到建筑工人的辛苦。学校教学楼前面有一块空地，杂草丛生，到了暑假，有的草竟长到一米多高。清扫完校园后，我对总务处的老师说，想把杂草割掉，卖给牛场。我找学校小卖部的曹大爷借了脚蹬三轮车，利用一晚上时间学会了骑三轮车。第二天傍晚，不顾蚊子叮咬和空气闷热，我将教学楼前的杂草割完，大约千余斤。按照总务处老师的指引，去滨州天华奶牛场询问他们是否需要。至今我依然记得奶牛场负责人说，他们本不想要，但听说我的经历和勤工俭学的事后，愿意帮助我。

勤工俭学基本解决了我的生活费问题。家境的贫困，曾一度使我自卑，但随着时间的推移，这些经历却让我具备了百折不挠、吃苦耐劳的品质，让我学会用积极的心态看待眼前的人和事。我坚信：每一次锻炼、每一次经历都是人生的财富。

命运似乎在作弄人，一切都不是我想象的那般。记得在收到大学录取通知书的那一刻，我顿时傻眼了，居然被英语教育专业录取了，英语并不是我喜欢的学科。面对一贫如洗的家，望着眼前的录取通知书，我曾想放弃上大学的机会。我高中的恩师建议，做一名教师是我改变家庭和自己命运的唯一出路；不建议我复读，怕我心理压力过大，家庭经济条件也不允许。

也许每一种选择，必将注定着不一样的结果，即使是哭着也要走下去。多年之后，我才慢慢懂得一个人成功的关键就是即使做着自己不喜欢的事，却依然能够做得很好，这就是心智成熟。英语专业不是自己喜欢的专业，但可以通过它来磨炼心智。不要去抱怨，不要去抵触，与其花时间去抱怨，去抵触，还不如用这个时间来把它学好。后来我常想：人这一生有很多事纵然不喜欢，也要做好，当你做好了，对这个领域了解得更加深入，可能就会喜欢上了；即使始终喜欢不起来，也能够锻炼你的心智。

刚步入大学时，校园里社团招新，我成为学校广播站编辑部的一员，在里面认识了很多志同道合的同学。一年后，我成为学校广播站编辑部部长。做编辑工作很辛苦，但内心很快乐，很充实，在这里我找到了自身的价值，很有成就感。大学空闲时间很多，在不耽误自己本专业学习的情况下，根据自己的爱好选择一两个有助于提升自我的社团或者组织，将会学到很多课本上学不到的东西，找到自我存在的价值，同时能够锻炼提升自我。曾经看到过这样一句话："谁的青春不迷茫，迷茫的时候就看书吧，将会让你的内心变得更加平静，让你日渐看清楚自己的方向。无论你身处什么样的境遇，好好地努力吧，努力做好每一件事，在不久的将来，当你回忆起这段时光时，至少不会留下遗憾。"师专的两年学习生活，让我清楚地知道：我需要什么，未来的路我该如何走；也让我变得成熟稳重，学会直面人生。

师恩难忘促成长

习近平总书记曾说："一个人遇到好老师是人生的幸运，一个学校拥有好老师是学校的光荣，一个民族源源不断涌现出一批又一批好老师则是民族的希望。"习总书记的这些话语时常在我心中回荡。是啊，好老师就是人生的一盏指路"明灯"。我已从教十九年，也曾诲人无数。回想起自己的人生路，实实在在享受着老师的关爱，真真切切体会到："一个人遇到好老师是人生的幸运。"正是恩师们的无私帮助，使我从逆境中站起来，感受人世间的温暖，学会坚强地面对人生，恩师们影响了我在教学工作中对待贫困生和品学兼优学生的态度，总想助他们一臂之力，让自己成为一名"有仁爱之心"的好老师。

1998年8月，在接到师专录取通知书时，面对9060元的高额学费，一家人一筹莫展。父亲从1993年就开始生病，家中积蓄几乎为零。向亲戚借钱，都被以各种理由拒绝，使我深切理解了路遥在《平凡的世界》中所描述："人和人之间的友爱，并不在于是否是亲戚。人的生命力，是在痛苦的煎熬中强大起来的。我要扼住命运的咽喉，它绝不会使我完全屈服。"

当时，我的高中老师建议我写一份贫困申请，亲自去滨州师专找找学校领导，看能否减免一些费用。毕竟，那时对于贫困生没有任何官方帮扶政策。带着家人的期望和改变自己命运的想法，我只身来到师专。在学校办公室，我见到了杨洪章老师（时任滨州师专办公室主任），他对我的境遇非常同情，因为录取我的师专英语教育专业没在本校，而是在滨州教育学院，于是他让我到教育学院找朱宝德老师（时任滨州教育学院院长）。朱老师被我求学的决心和毅力深深感动，语重心长地告诉我，今后无论遇到什么困难，都要想办法克服，路还很长，要做生活的强者。他要求我尽量带一半的费用按时报到。开学那天，我带着3280元报到。1000元是村委会奖励我的（当时村里为了鼓励培养人才，凡是考上大学的，每人奖励1000元，我是村里第一个受益人），1000元是苑荣兰老师（时任沾化一中校长）借给我的，另外1280元，是把家中唯一值钱的麦子，卖掉换来的。经过教育学院党委会商议，让我暂交3000元，280元留作生活费，同时建议我在学院勤工俭学。就这样，我入学了。

朱老师是我人生路上的贵人，是一位有魄力、有能力的长者，多才多艺，有情有义，是我人生的导师。有两件事，至今我仍记忆犹新，仿佛就发生在昨天。1999年元旦晚会上，朱老师唱了刘欢的《人生第一次》。晚会结束后，我独自走在校园的马路上，朱老师骑着自行车在我面前停下，询问我的学习和生活，说本来想唱一首《从头再来》，但想到我的经历，现场改成《人生第一次》，希望我好好学习，做一个有用的人。“我第一步走的路哟，是你把我搀。我第一次爱上的人哦，领到你跟前。无论我走到哪里总把你挂念。”这首歌的歌词似乎抒发了我的心声。（2005年5月，我利用婚假，带着妻子去已到青岛工作的朱老师家，师恩难忘！）2000年初，滨州师专、教育学院和电大三校合一，朱老师被任命为党委副书记兼副校长，发言权相对降低。7月，我师专毕业，因为学费未交齐，毕业证被暂扣。8月，天气闷热，朱老师通知我回师专拿毕业证，告诉我经过争取免除了我欠学校的所有费用，全校仅有两个贫困生受到照顾。为了顺利拿出我的毕业证，朱老师拖着肥胖的身躯，一个科室一个科室说明情况，然后分别签字。在炎炎烈日下，望着早已汗流浃背的朱老师，我的心在流泪。为了一个没有任何利益关系的贫困学生，心甘情愿地付出，不求任何回报，这份大爱，深深烙印在我的心中。

我是不幸的，却又是幸运的，在人生的低谷，遇到如此多的恩师。杨洪章老师是我人生成长路上的精神导师。在师专学习期间以及工作之后，他时常鼓励我，为我的学习和工作指明了努力的方向。一个在物质方面极度匮乏的学生，却能够在精神上变得极其富有。班主任石翠英老师以母亲的胸怀帮助我。2000年元宵节，我打扫完校园卫生，在回宿舍的路上，石老师让我中午去她家一起过元宵节。石老师说，开学时学生们都在，叫谁不叫谁，不好协调，今天过节只有我一个人远离家人勤工俭学。看着一桌丰盛的午餐，我除了感激还是感激。孟丽华老师、尹佐华老师、赵长建老师、申保忠老师，已故的张献青老师、刘成龙老师等都通过不同的方式帮我渡过难关。

恩师们对我的无私帮助，润物细无声，潜移默化地影响着我。作为一名教师，我只有以爱岗敬业和刻苦钻研的精神朝着自己的既定目标前进，以仁爱之心关注学生的成长，才能算是一名合格的人民教师。

初试锋芒三年时

师专毕业三个月后，也就是2000年10月7日，我才走上工作岗位，来到距离老家60里外的冯家镇寨子中学。寨子中学是真正意义上的农村中学，距离镇政府所在地12里，位于王尔庄村北，其他三面是庄稼地。交通很不便利，回家需要转三次车，因此，自行车是我回家的唯一交通工具。学校的条件异常艰苦，没有自来水，用水全靠井，一旦没有足够的地下水，学校就用抽水机抽小河里的水，存储到水泥池。办公条件也很差，平房，十多人聚在一个教室里办公；每到期末统考时，学校规定语数外可以用十张蜡纸刻印试题，再用油墨滚动印刷。

条件艰苦，举目无亲，当时有一种被发配边疆的落寞感。既来之，则安之，当我们无法改变外在环境时，学会适应也是一项很重要的能力。作为农村出来的孩子，我珍惜来之不易的工作机会。学校当时有四个年级，每个年级两个班。我是学校第二个英语教育专业毕业的英语教师。学校领导对我的到来很重视，让我直接带初三。

比我小四五岁的学生，很容易和我相处。我成为他们心中的大哥哥，可以无话不说，我也把他们当成弟弟妹妹一样，关心爱护他们。他们课下或周末放假，有事没事都找我聊天，但是看到他们的英语成绩，我心里没底：三分之一的学生对英语一窍不通，三分之一似懂非懂，仅有三分之一能基本跟上教学进度。为了改变学生现状，提高学生的英语成绩，我借鉴当时国家西部大开发的思路，撰写了一篇有关学困生转化的文章，交给李清祥校长和李学峰主任（时任冯家镇教委主任）。他们都给予了充分肯定，鼓励我大胆尝试。

为了了解每一名学生的成长环境，利用晚上时间，我开始了家访。仅仅两个月的时间，8个村80多名学生的家一一走访到，并对家访的情况及时做了记录。这在当时寨子中学也是开天辟地的一件事。通过家访，我了解了每个学生的情况，做学生的思想工作开始有针对性，也使我强烈地意识到家庭教育的重要性。每个孩子都是父母的影子，家庭教育决定了孩子的成长空间。

为了帮助基础差的学生提高英语成绩，我利用周末时间，免费为他们辅导。这一举动赢得了家长的一致好评。辅导基础差的学生，想法很美好，实践中却困难重重。成绩差的学生学习习惯和行为习惯普遍差，尤其是英语学科，到了初三再提升已经有了难度。“抓基础，严要求，重落实”是我当时的九字方针。我按照这九字方针，循序渐进地对英语学困生进行辅导。经过半年的努力，大部分英语学困生的成绩有了较大提高。

这一阶段，我对英语学困生的转化工作有了自己的思考：英语学困生对学习英语已失去了信心，产生了“破罐子破摔”的想法。作为老师要用积极的态度缩短和学生的距离，学会理解他们，帮他们找出成绩差的原因。首先，要对症下药，开发其非智力因素；了解他们的成长环境，尽量争取家长的主动配合；利用周末，不只辅导外语，同时进行思想教育。从教育心理学的角度来分析，学困生同样具有进取心、自尊心，他们也渴望进步。教师应寻找他们身上的“闪光点”，多表扬他们，增强其上进心。其次，宽容善待学困生。英语教学能否成功，不仅取决于学习者的智力因素，还取决于他们的情绪、态度、学习动力等非智力因素。作为教师，在任何时候都要注意控制自己的情绪，要宽容、理解、善待学困生。事实证明，学困生具有两面性：消极性和积极性、逆反心理和求知欲、违反纪律的行为和守纪律的愿望。毕竟他们是十三四岁的孩子，老师的一言一行都会对他们产生巨大的影响。最后，定目标，严要求。目标是获得学习动力的源泉。学困生一般没有奋斗目标，在对每位学困生了解的基础上，必须给他们制订短期学习目标和长期学习目标，检查落实情况，并及时修改目标，激发他们学习的动力。我深切地感受到：作为教师应掌握学困生的心理，用真诚的爱唤起学生的共鸣，达到转化他们的目的。

这批学生我带了两年（当时是初中四年制）。当中考结束学生离校时，我强忍泪水，内心空荡荡的。在工作的第一站，第一批学生的离别让我感到了离别的伤感，和学生相处的一幕幕在脑海不断闪现。看着学生的合影和他们的留言，那段时光，感觉过得特别慢。伤离别，伤别离。

2002年8月，我迎来了从教生涯中的第二批学生。按照学校安排，我带初四毕业班。我渐渐意识到教学相长，教学和管理经验与教学经历有关。作为新教师，一定要向有经验的老教师虚心请教，博采众长，形成适合自己的教学和管理风格。从带第二批学生开始，我逐渐和学生保持了一定的距离，依据教育规律和学生的成长规律，教育引导学生，教育方式方法有了明显转变。这一年，我组织驾驭课堂的能力有了明显改进，课堂效率明显提高，学生的英语成绩进步很大。当初接这批学生时，他们的英语成绩在全镇排名倒数第一。经过一学期的努力，年终全镇期末统考时，我所带的两个班英语成绩总评在全镇第一，与其他学科成绩仍然排在全镇后几名形成了鲜明对比。2003年6月中考英语成绩仍然名列全镇第一。已在沾化第一中学工作的学生田学智，当时经过一年学习英语成绩从40分达到中考的112分（满分120分）。

三年磨一剑，出鞘见锋芒。作为工作的第一站，我对寨子中学有着特殊的感情，年轻气盛，风华正茂，对寨子中学的学生充满了感情，至今和学生相处的场景历历在目。“为什么我的眼里常含泪水，因为我对这土地爱得深沉……”经历就是财富，苦难也是锻炼。三年仅仅是开始，未来的路还很长。三年的经历告诉我：扎扎实实干事，踏踏实实做人，实干是基础，用心是关键。在乡镇中学三年，我增长了本领，用我的实际行动为寨子中学的学生撑起一片蔚蓝的天，用每一滴汗水与每一份付出为他们更好的明天做出了贡献！

仰望星空而立年

2003年9月，我借调到沾化第二中学。在沾化第二中学的第一个七年，我实现了由初级教师到中级教师的转变；到2010年12月评上中级职称，恰逢我而立之年。仰望星空，更应脚踏实地。

由一名初中教师转变为高中教师，初来乍到，内心既兴奋也惶恐。对于我，人生即将开启新征程。最明显的变化是工资待遇明显提高，虽然我是代课教师，但基本工资加课时补助已远远超过初中教师的工资水平。高中的教学节奏和初中区别很大。时间紧，白加黑，早晨5：45就得和学生一起跑早操，每周在学校跟班6个晚自习，一直到22：00，仅周六晚上可以轮休；任务重，压力大，对高中知识掌握不全面，驾驭课堂教学能力不够。当一个人的经济条件明显改善时，其内在的工作热情便会被迅速激发。虽然累，压力大，但工作的动力十足。虚心向有经验的教师学习便是当务之急。为了使自己在课堂教学上迅速成长，我坚持听了宋学飞老师一学期的课，大约有一百节，这在学校听课史上也是一项纪录。在此期间，我也听了其他教师的课。但宋学飞老师对我的影响还是比较大的。宋老师的课思路清晰，干净利落，严谨高效。作为年轻教师，一定要知不足而后进。加强自身业务能力，是立身之本；勤学好问，是成长之道。经过一年的磨炼，我的课堂教学水平和知识储备明显提高。2004年暑假，全县招聘教师。经过笔试和试讲，我顺利过关，实现了由代课教师到正式教师身份的转变。

做一名优秀教师和合格班主任是我当时的人生目标。课堂是教师成长的主阵地，通过集体备课和听评课，学习优秀教师的长处，结合自身实际，我形成了自己的教学风格。2006年和2010年，我两次获得沾化县（现为沾化区）高中英语优质课评选一等奖。从2003年9月至2010年9月，七年间，我送走了三届高三毕业生。2003级学生是我送的第一批高中学生，我带一个理科普通班，学生的学习成绩和学习习惯相对较差。作为班主任及任课教师，我对这一届学生付出了很多。当时，我要求自己关注每一位学生，严格要求他们，规范他们的行为方式和学习习惯。因此，不论在学习上还是生活上，我对他们都细致入微地关心爱护。他们生病时，我去宿舍看望；学习遇到困难时，我和他们谈心交流。对班级的管理，必须严格。“勤盯多靠”是我当时做好班主任的基本方法。由于这个班的学生高三毕业时总体成绩在平行班中排名第一，所以学校领导让我带复读班。对待复读班的学生，更需要关注他们的心理，毕竟大部分复读生精神压力大，他们都有考一个好大学的意愿。送完一届高三复读生后，我接了高一新生班，当时班上有67名学生。这次带班经历使我真正体会到：干好工作为自己，大家的认可、良好的口碑就是自己最大的成功；要认认真真做事，踏踏实实做人。2010年高考，我所带班级的高考成绩在平行班中排名第一。同年教师节，我被县委县政府授予“沾化县教育先进工作者”荣誉称号，当时这对于我是最大的荣誉。

怀揣对高中教育的梦想，我脚踏实地，真抓实干。在沾化二中的第一个七年，我逐渐有了规划人生的想法，总感觉应该追求点什么，应该做一些有价值、有意义的事。

厚积薄发酬勤道

2010年9月到2017年12月，是我在沾化二中的第二个七年，我实现了从一级教师到高级教师的转变。七年的光阴使我深切感受到天道酬勤，厚积薄发。我在教育教学、班级管理、教科研、团委工作等方面都取得了一定的成绩。我坚持以一名共产党员的标准严格要求自己，带着强烈的责任心，按照习总书记的要求，立志做一名“有理想信念、有道德情操、有扎实知识、有仁爱之心”的好老师。

一、聚焦课堂，深入研究，打造高效模式

我认为课堂效率的提高是提升教学质量的关键。所以我始终坚守课堂教学第一线，以教学工作为己任，全身心投入教育教学工作，积极学习新课程理念，注重提高课堂效率。常言道：要给学生一杯水，自己要有一桶水。我深深体会到，在当今科研兴教，呼唤反思型教师、研究型教师的新形势下，作为一名骨干教师，我要坚持学习，以此提高自己的业务素质。

教学中，我潜心钻研教材，反复研讨新课标，大量订阅教学刊物，坚持业务自学，认真做好笔记，广泛汲取营养。我常向同科教师学习教学经验，借鉴优秀的教学方法，同时积极参加各种公开课和研讨课，教学技能不断提高。这几年，我参加了很多外出学习培训，积极参加滨州市内组织的各种教科研活动，还到过山东省烟台第一中学、临沂第一中学、枣庄市第三中学、潍坊第四中学、昌乐第二中学，河北省石家庄精英中学、衡水市第十三中学、涿州市第三中学，河南省实验中学，还去了青岛、济南等地。通过外出参观学习，我开阔了眼界，了解了当前的教育改革形式，并及时进行反思，转变教育观念，捕捉新的教学信息，积极探索教育规律，大胆采用新的教学手段，从而提高自己的教学能力。

作为备课组组长，我不断学习、积累、总结、反思，敢于质疑、否定、

突破、创新。2009年在全校尝试学案导学小组合作教学模式并在高中英语试卷讲评课中运用，取得了良好的教学效果。2010年，我提出了学案导学小组合作教学模式。我们课题组精心研究，基本完成研究任务。经过课题研究，课题组形成了一些理论成果和实践层面的成果（学案导学小组合作教学模式导学案的命制原则、小组合作教学应遵循的原则和五种课型的基本步骤等），师生教与学得到长足发展。课题组通过研究，使我校高中英语课堂教学的课型具体化，使之在高中英语课堂听力教学、阅读教学、作文教学、语法教学及试卷讲评课等不同的课型中尝试运用，形成了一套完整的、实用的教学模式。同时通过研究，构建了农村普通高中英语"学案导学小组合作教学模式"。课题已基本达到预期的研究目的，同时得到市县教研室专家的高度评价，认为我校开展的高中英语"学案导学小组合作教学模式"已见成效，并有力地指导了课堂教学工作，大幅度提高了我校英语教育教学质量和学生的英语学习成绩，具有很强的实践意义。作为我的第一个课题，从立项到结题，我付出了很多（经常凌晨一两点才睡觉），也收获了很多。

2015年，我又提出了英语"目标导学，当堂达标"教学模式。我带领课题组不畏县域基础教育改革与发展相对滞后的困难，聚焦农村普通高中英语教学目标思想薄弱这一突出问题，采用课堂观察、文献研究、教育行动研究等方法，重点以目标教学思想为基本思想支撑，最终构建了农村普通高中英语"目标导学，当堂达标"教学模式，以深化农村普通高中英语课程各分领域（含词汇教学、听力教学、语法教学、阅读教学、写作教学）的改革，拓宽了高中课程改革的路径。课题组通过对课题的研究，提高了自身的课堂教学水平，较大幅度地改善了任教班级学生的英语学习方式，这对全校及其他学校的英语教学起到了很好的借鉴和促进作用。这七年，我又送走了三届高三毕业生，他们的英语单科高考成绩很优异。

在研究课题的同时，在校本课程和心理健康优质课评选中，我也取得了一定的成绩。2016年10月获得滨州市心理健康优质课一等奖，2016年11月获得滨州市校本课程优质课一等奖，2016年12月荣获山东省校本课程优质课评选二等奖。2012年9月被评为"沾化县教育创新人物"，2014年10月沾化区学科带头人复评合格，2015年7月沾化区教学能手复评合格，2016年11月被评为"滨州市教育创新先进个人"，2015年9月被评为"沾化区优秀教师"，2016年11月被评为"沾化区名师"，2017年12月被评为"沾化区十佳名师"，2017年12

月顺利通过高级教师职称评审。“要做学者型、研究型的教师，这是优秀教师永葆活力的妙方。”我热爱学习，刻苦钻研，努力朝着新一代学者型、研究型教师迈进。

二、关注心理，踏实而行，构建和谐班级

为了做一名优秀班主任，2013年5月，通过自学，我取得国家三级心理咨询师资格证书。在班主任工作中，我我运用自己所学的心理学知识，关注学生心理健康，注重学生的长远发展；恪守对学生“以身作则，严中有爱”的原则，积极探索并践行班主任工作的新模式，注重情感教育和纪律约束相结合。工作中我不仅关心学生的学习，还关心学生的生活、思想，既为人师，又当朋友，成为学生的良师益友。我用真诚和爱心对待班中的每一个学生，运用小组合作班级管理模式，实行班级全员参与管理，执行每周反馈制度，注重情感教育和纪律约束相结合，因而所带的历届班级都学习成绩优秀，班级生活规范有序，纪律严明，学习风气浓厚，几乎月月都是文明班集体，年年被评为“优秀班集体”。2011年9月我被评为“滨州市优秀班主任”，2012年4月被评为“滨州市师德标兵”，2015年2月被评为“沾化区优秀班主任”。

三、注重科研，行思结合，用心做教育

作为学校中层干部及备课组组长，我不仅撰写了大量的教育教学论文，而且带领学科组开展课题研究。我认为课题研究是教师成长的捷径：经验+反思=成长。到目前为止，我已成功主持了三项省级课题，其中一项荣获山东省教学研究优秀成果三等奖。

2012年4月，我主持的山东省教研室课题“农村普通高中英语‘学案导学小组合作’教学模式构建研究”结题并荣获山东省教学研究优秀成果三等奖，对学校探索学案导学和合作教学起到了很好的促进作用，得到市区教研室专家的高度评价，具有很强的实践意义。2015年7月，我主持的山东省教研室课题“新时期农村普通高中‘发展滞后生’心理成因及转化策略研究”结题并荣获滨州市教学研究优秀成果二等奖。通过研究高中三个年级不同阶段、发展滞后的学生在学业、品德、心理三个方面的心理成因和转化策略，有效地指导了我校的德育工作，促进了我校学生管理工作的开展。2018年1月，我主持的山东省规划办“十二五”课题“农村普通高中英语‘目标导学，当堂达标’教学模

式构建研究”已顺利结题。本课题的研究以目标教学思想为基本思想支撑，深化了农村普通高中英语课程各分领域（含词汇教学、听力教学、语法教学、阅读教学、写作教学）的改革，提升了我校英语教学质量，提高了学生的英语成绩。同时，我在国家级刊物《中学生英语》《生活教育》《课程教育研究》上发表了四篇论文；在省级报刊发表论文数十篇；在滨州市研讨会上做过三次专题发言；两次被评为“滨州市教科研先进个人”。

四、创新思路，搭建平台，做好团委工作

从2012年9月开始，我兼任学校团委书记。为了构建学生健全的人格体系，引领全校团员进一步践行社会主义核心价值观，我参与策划编写了《感恩立德》一书。这本书2013年4月由北京教育出版社出版，它有效指导了学校团委各项工作的开展。近几年，我不断创新工作思路，搭建活动平台，深入贯彻习近平新时代中国特色社会主义思想，引领全校团员践行社会主义核心价值观，培育有理想、有本领、有担当的时代新人，形成我校独特的团委工作模式。学校团委以感恩教育和担当教育为抓手，大力推行班级文化建设，充分利用微信、青年之声、周一国旗下的讲话、宣传栏、广播站、社会实践、青年志愿者服务活动等有效形式，加强对学生进行理想信念教育。截至目前，我校已为三届学生成功举行了18岁成人仪式，取得了良好的教育效果，社会反响很大。2013年10月我被评为“滨州市学生会工作优秀指导者”，2015年1月被评为“滨州市教育系统信息宣传先进个人”，2015年5月被评为“滨州市优秀团干部”，2017年5月被评为“沾化区十佳青年标兵”，2017年8月被评为“滨州市优秀青年岗位能手”。2013年3月我校关工委被滨州市关工委授予“五好关工委”称号，2013年5月我校团委被评为“滨州市五四红旗团委”，2013年11月我校被滨州市教育局授予“滨州市中小学德育工作示范学校”称号。

五、爱岗敬业，高尚师德，舍小家顾大家

2011年3月，妻子在下班途中不慎左腿膝关节扭伤，导致骨折大错位。在医院只有我一人守候，还没敢通知远在山西的岳父岳母，当妻子即将被推进手术室时，我签字的双手在颤抖，原以为2个小时的手术，5个小时过去了，还没有结束，我心急如焚。当妻子从手术室被推出来的时候，我鼻子出血了。晚上输液整整一夜，我身心疲惫，但不敢懈怠。第二天上午9点钟，当校领导走进

病房时，我的眼睛湿润了。作为一名共产党员，为了不影响给高三学生上课，为了50名学生的前途，我说服妻子提前出院。医生多次劝阻，说至少要在医院观察半个月，并警告后果自负，可我仍然坚持把做完手术才5天的妻子接回家。至今面对妻子，我仍心存愧疚。由于妻子行动不便，无法下楼梯，我每周把大夫请回家做检查。在家中，由于父母体弱多病，无法分担暂时的困难，校领导特批，在不影响学生课堂教学的情况下，允许我回家照顾妻子。每天往返近80里，每天夜里需要起来五六次照顾妻子和才3岁的女儿，同时要把高三的每节课备好。我深知作为班主任，加强高三后期管理至关重要，为此在高考前的最后75天，我坚持每天早晨6点到学校，每天晚上到学校，从不间断，和学生一起备战高考，在心理上帮助他们战胜高考。2011年，我所带班级高考一本上线11人，军检线23人，二本人数达43人。高考成绩和差生转化率在平行班中位列第一！

一路走来，我深刻地意识到：成功的路上，没有捷径可走，只有在反思中学会成长，不断积累，才会沉淀。付出才会有回报，相信天道酬勤。

第二章

聚课堂创高效模式

课堂是教学工作的主阵地，课堂教学是教学的基本形式，是学生获取信息、提高素质和落实学科素养的主渠道。高效的课堂教学是促进学生有效学习的前提条件，是素质教育的重要保障。实施高效课堂教学已成为当前课程改革的重要方向。

高效课堂实施策略

课堂效益的最大化是一线教师追求的目标。高效课堂主要指在一定的教学投入（时间、精力、努力）内，通过教师的课堂引领，学生获得具体的进步和发展，达到最好的教学效果。学生的进步和发展是衡量课堂教学的唯一尺度。

评价课堂教学是否高效，要看教师能否使学生在教师教学行为的影响下，在具体的教学情境中主动地建构知识，发展自己探究知识的能力和思维技能，以及运用知识解决社会生活中的实际问题的能力。通过网络检索和阅读有关书籍，结合教学实践，我发现高效课堂的基本理念有：高效课堂的目标是教学的高效益；高效课堂的核心是激活学生思维；高效课堂的价值取向在于学生获得全面和谐的发展；高效课堂教学评价的基本思想是“以学定教”；高效课堂需要不断反思与创新；高效课堂的一个核心是课堂，两个重点是备课和学习小组建设；高效课堂应该努力实现的三个转变是教师变导师、教室变学室、灌输变探索；高效课堂学生学习的三个定位是自主学习、合作学习、高效学习；高效课堂师生关系的三个标准是平等、尊重、合作；高效课堂建设的三个标准是开放、情感、高效；高效课堂的三个基本观是教育即解放、教师即开发、学习即成长；高效课堂讲求的“三动”即身动、心动、神动；高效课堂讲求的“三量”即信息量、思维量、训练量；高效课堂对学生要求的“三看”即看学生自主的程度、看学生合作的效度、看学生探究的深度；高效课堂小组学习的三种形式是自学、对学、群学；高效课堂注重培养学生的“三力”，即思维力、表达力、生成力；高效课堂评价的“三看”即看教师是否高效使用导学案和组织当堂检测，看是否充分调动和发挥了学习小组及其小组长的作用，看是否关注了学生的学习过程和全体学生的学习状态。

高效课堂实施策略有以下五个方面。

一、教师要转变教育理念，树立高效课堂意识

实施高效课堂的前提是教师必须要用先进的教育教学理念武装自己，认真学习课标，学习课改典型，借鉴优秀教师的成功经验，广泛阅读名家的教育著作，在课堂教学中自觉落实高效课堂理念，并在实践中自我反思，改进提高。

二、精心备课，保证高效课堂落地

上好课的前提是备好课。课堂是教师和学生的双边活动，了解学生的心理特点和认知规律，才能选准适合学生学习的教学活动切入点。从学生学的角度来考虑，备好课是提升课堂教学质量的关键。备课时要考虑到教学活动中的每一个细节，在活动过程中，预设学生可能遇到的问题，作为教师怎样调控和评价等。要上好课还要备教材。教材是实现课程目标、完成课堂教学环节的重要资源。因此要认真深入地钻研教材、活用教材，把握每节课的重难点，精心预设课堂教学目标，接近学生的最近发展区，精讲精练。

三、营造和谐的课堂氛围

教育学家第斯多惠曾说过："教学的艺术不在于传授的本领，而在于激励、唤醒、鼓舞。"轻松和谐的课堂气氛能唤起学生学习的热情，愉快的情感体验会使人精神焕发、思维活跃。课堂上，教师的一个手势、一个眼神、一个微笑、一句话，都可能在师生间产生强烈的情感共鸣，能够使课堂的氛围既轻松又和谐。教师的语言要亲切，用商量的口吻充分体现师生间民主平等的关系。

四、精心设计教学语言，组织课堂教学

苏霍姆林斯基指出："教师的语言修养，在很大程度上决定着学生在课堂上脑力劳动的效率。"精心设计的语言能把模糊的事情讲得清晰、有条理，能把枯燥乏味的教学内容讲得生动、活泼，启发学生去追问、去探寻，使学生的思维处于活跃状态。提问若得体、精巧，就能把学生引入思考情境，激活学生的思维，使其最大限度地获取信息，培养能力，提高课堂教学的效益。

五、挖掘教材，突出课堂教学重难点

教师要抓住教材中本质的东西，对其进行加工处理，然后在教学活动中体现出来，引导学生举一反三。对于课本中相对不重要的教学内容，可根据教学的实际需要做适当调整，以适应教学的需要，从而提高教学效率。教师在课堂教学中应抓住重点和难点，对课堂提问的内容和形式进行巧妙设计，并针对不同层次的学生设计不同的问题。所设计的问题要有启发性，启发学生有针对性地进行思考，让学生逐渐学会总结、归纳、思索，提高课堂学习的有效性。

“教学永远是一门遗憾的艺术。”的确，新课程改革形势下的课堂教学也不例外。任何一堂课，即使是经过千锤百炼的示范课，我们课后反思时总会觉得还有不足和遗憾。只有在课堂教学中不断寻找教学策略、解决不足、弥补遗憾，我们的高效课堂才会实现。

教学模式与模式化

多年的教学实践使我认识到，只有唤起学生的学习兴趣，激发学生的学习动机，才能形成高效教学。高效教学的本质在于教师具有能够实现预期教育教学成果的能力，每一位学生都参与教学活动是实施有效教学的前提。如何使课堂教学效益最大化？结合自己的教学实践和教学理念，从构建高中英语学科教学模式入手，探究提升课堂效益的路径。截至2018年1月，我已成功主持了两项有关课堂教学模式的省级课题，一项是2012年4月结题的山东省教学研究普通课题“农村普通高中英语‘学案导学小组合作教学模式’构建研究”，另一项是2018年1月结题的山东省教育科学“十二五”规划课题“农村普通高中英语‘目标导学，当堂达标’教学模式构建研究”。两项课题都是有关教学模式研究的，在教学工作中都起到了一定的促进作用，但是今天我在反思：教学模式能不能模式化？教学模式的利和弊又是什么？

一、我研究的教学模式

1.农村普通高中英语“学案导学小组合作教学模式”构建研究

本课题是2011年立项的山东省教学研究普通课题。课题组主要在以下三个方面进行了研究：第一，立足农村高中英语教学现状，结合农村高中英语课堂教学的实际进行有效改革；第二，在高中英语课堂教学中，将学案导学和小组合作教学相结合，同时对学案导学的制定和小组合作的分工进行研究；第三，按照高考英语考查的题型，将高中英语课堂教学的课型具体化。通过研究，构建农村普通高中英语“学案导学小组合作教学模式”可以大幅度提高农村普通高中英语教育教学质量和学生的英语学习成绩，而且具有很强的实践意义，并且能够为同类学校进行此领域的探索提供某些参考和借鉴。

在课题的研究过程中，课题组得到市、县教研室专家及学校领导的大力支持。课题组成员在研究过程中，主要采用的研究策略是：新问题—计划—实施—评价反思—调整—实施—总结，以课堂教学为主要研究对象，通过课堂效果的实际情况进行调整，围绕高中英语课堂听力教学、阅读教学、作文教学、语法教学及试卷讲评课进行研究。首先，根据高中学生的生理和心理特点以及英语学习的现状，有针对性地研究工作。其次，根据研究的开展情况，进行相应的经验总结与反思以及学生问卷调查，收集和整理学生的信息反馈。再次，为每一节实验课设计合理有效的导学案，并加以实践，观察效果，及时反馈总结，留下数据。最后，进行数据分析，对各种不同课堂导学案在学生中的受欢迎程度进行调查、分析，对学生在学习英语上的积极性进行研究，并随时做好课题的总结。为对课题进行更加深入的研究，我们除在网上收集各种教育教学理论，还购置了有关书籍，在课题组集中时间统一学习。在课题的实施过程中，课题组成员每人分项目开展各课题项目研究的同时，定期（约一周）召开课题组会议，商讨在各自研究过程中遇到的问题及困难，并积极采取有效的措施。根据课题研究的内容，对不同的课型采取课题组成员及邀请其他英语教师和县教研室专家听评课的方式，对课堂教学进一步研究完善，然后撰写论文，形成指导性文件。

课题研究促使教师不断调整教学行为，教学相长，大大提高了教师的科研能力和教学艺术。课题的研究与探索提高了教师自身素质，得到了学生和家长的认可，教师工作热情日益增长。同时课题研究提升了教师的教育教学水平，为教师的专业成长提供了广阔的舞台。课题理论学习和教学实践探索不断深入，教师的科研意识、教改意识增强。教师经历了实验过程，具有了一定的教学研究和课题研究的能力。课题研究使中青年教师已经意识到了危机，对知识尤其是获取知识的方法、途径，教学科研能力的重要性的认识提高到了相当的高度。在课题研究阶段，课题组全体教师学会了使用多媒体进行教学，运用形式多样的教学方法，使课堂变得轻松活泼，易于驾驭。

课题组的一些理论成果："学案导学小组合作教学模式"导学案的命制原则及小组合作教学应遵循的原则和对五种课型的处理办法。在课堂教学成果上针对学生方面：学生能积极动脑，敢于质疑，勇于发表自己的观点和看法，在激烈的讨论中使概念更清楚，结论更准确，学得更透彻，信心得到提高。学生的学习方式也发生了根本性变化，课堂上学生学习英语的兴趣明显提高，学生勤于思考，大胆发言，乐于体验，善于提问，主动寻求解决问题的方法，并能运用自己在课堂上学到的新方法，独立解决问题。师生之间、生生之间多向互动，课堂气氛和谐，学生想学、乐学、会学，学生的学习能力增强了，教学质量也明显提高。针对教师方面：教师的教学观念、教学行为得到了根本性的改变，“学案导学小组合作学习模式”的探索和运用促进了课题组教师的专业化成长。在课题研究期间形成了一系列教科研成果，同时课题组成员也获得了各种荣誉。

总之，我们研究的课题已基本达到预期的研究目的，有力地指导了课堂教学工作。当然作为课题组成员，在今后的教科研活动中，仍需进一步加强理论学习和交流，打破自身的局限性，不断提高自身的理论水平和实践能力，主动联系有关的教育专家，虚心向他们请教，以求完善。

2. 农村普通高中英语“目标导学，当堂达标”教学模式构建研究

本课题2015年12月被批准为山东省教育科学“十二五”规划课题，批准号为YJ 15208。本课题实际研究时间为2015年12月—2017年11月。

课题研究过程分为四个阶段：第一阶段，课题组成员制定《课题实施方案》，完成《开题报告》；第二阶段，深入调查研究当前农村普通高中英语教学现状，写出调查报告；第三阶段，构建以目标教学思想为基本思想支撑，在农村普通高中英语课程各分领域（含词汇教学、听力教学、语法教学、阅读教学、写作教学）融入目标教学思想的教学模式；第四阶段，全面梳理研究过程，整理全部研究资料，形成《研究总报告》，向教育科研主管部门提出鉴定申请。

课题组立足当地实际，克服困难，按照重新申报后的研究计划，较好地完成了各阶段的研究任务，达到了预期目的。

本课题研究成果为《研究总报告》，其他有论文、典型导学案、教学设计、调查报告等。

研究成果体现在调查分析、实践探索两个方面。其中实践探索尤为重要。实践探索部分重点介绍了课题组基于调查分析和文献研究及教学经验，确立了解决这些问题的基本思路：在农村普通高中英语课程各分领域（含词汇教学、听力教学、语法教学、阅读教学、写作教学）中，将目标导学和当堂达标思想融入其中，实践并反思高中英语词汇教学、听力教学、阅读教学、语法教学、写作教学等课型教学中当堂达标的模式。基本流程为：目标呈现，学标质疑—自主探究，合作交流—小组展示，点拨矫正—归纳总结，提升拓展—测标反馈，当堂达标。确立模式基本框架后，课题组根据词汇教学、听力教学、语法教学、阅读教学、写作教学各自的特点，并结合这五个分领域的调查分析，构建农村普通高中英语五个课程分领域“目标导学，当堂达标”的教学模式。

为此，课题组深入研究《普通高中英语课程标准》，以目标教学思想为基本思想支撑，对农村普通高中英语课程各分领域（含词汇教学、听力教学、语法教学、阅读教学、写作教学）的教学模式进行梳理归纳，寻找五个分领域教学模式的共同点。课题组成员共听了滨州市10所农村普通高中80多节英语课（包含词汇、听力、语法、写作和阅读等不同课型），25节市优质课。课题组成员间相互听评课达170节。通过听评课、学生问卷调查、前后测成绩对比等研究方法分析检验研究效果，不断地修正完善课题研究，对导学案及教学设计不断地修改、实践、完善。

最终课题组确定了农村普通高中英语“目标导学，当堂达标”教学模式的内涵，形成了编制“目标导学，当堂达标”教学模式学案的三类目标与行为动词，找到了农村普通高中英语“目标导学，当堂达标”教学模式理论依据，发现了农村普通高中英语“目标导学，当堂达标”教学模式的特点，确定了农村普通高中英语“目标导学，当堂达标”教学模式步骤。

主要问题为：由于时间比较短，课题组对“目标导学，当堂达标”教学模式的实践经验不足，自身水平有限，致使本研究存在较多不足之处，课题研究过程中仍有许多问题值得商榷。

通过撰写系列论文，对各分领域（含词汇教学、听力教学、语法教学、阅读教学、写作教学）的教学能够起到指导作用；梳理了农村普通高中英语“目标导学，当堂达标”各分领域教学模式的教学过程，即制订目标—展示目标—实施目标—检测目标—达成目标等几个阶段，学生通过主动学习活动，教师进行导标、导学、导评、导练、导结，从而达到教学目标。因此，发表的系列论文是对“目标导学，当堂达标”教学模式的反思，是指导农村普通高中英语课程各分领域（含词汇教学、听力教学、语法教学、阅读教学、写作教学）的实施措施，是“目标导学，当堂达标”教学模式的理论依据。总之，该教学模式的构建改善了农村普通高中英语教学质量，能够提高学生的英语成绩，同时对其他学校的高中英语课堂教学起到一定的参考作用。

二、我对教学模式的思考

一是对于课堂教学，我们要建立模式，让课堂教学沿着规律进行。无论哪一种教学模式，都必须符合教育规律和学生的身心发展规律。

二是任何一种模式都不能模式化，不能使模式僵化，要创造性地使用教学模式，所以课堂教学可以建立模式，但不能模式化，没有一种教学模式是可以直接照搬的，需要符合本学科的教学和学情的特点。如果课堂教学模式存在着模式化和程序化的现象，课堂就失去了课堂的本真形式，学生在课堂中的展示就像是在进行一场精心安排的表演。

我们看以下几位教育家在这个问题上的论述：

苏联教育家苏霍姆林斯基说："在这节课上，哪些东西是要讲透彻的，而哪些东西是有所保留而不必说尽的。这没有说尽的东西，就好比是给学生思维设置的诱饵。这里没有任何适用于一切场合的现成处方，一切都取决于具体教材的内容和学生已经掌握的实际知识。"

叶圣陶是我国现代语文教育专家，他在20世纪四五十年代就强调："学习别人的成功的教法当然很必要，但是不宜生搬硬套，要结合自己的具体情况和学生的具体情况做适当的变通。同一种教法，因为教的人不同，学的人不同，收到的效果可能有很大的不同。""不能因为某种教法曾经受到某某的赞赏，就此'定于一'，不允许别的教法。任何一种教法都有优点和缺点，优点要它更优，缺点要它改正，这才能不断改进。轻易否定一种教法是不好的，把一种教法强加于人也是不好的，因为都不利于动员大家创造好的教法。""至于教学之方法似可不求一律。甲教师与乙教师无妨各尽其能，教一年级与二年级，教此课与彼课，亦不必一致。总之以学生获得实益，练成读作之熟练技能为要。"

李镇西是当代著名的教育家，他曾指出："总有人喜欢归纳出这样的'规律'那样的'法则'，似乎教育只要'遵循'这样的'规律'或'法则'，任何难题便迎刃而解，甚至无往而不胜。然而无论是一个人，还是一个班，或是一个学校，都不可能用'放之四海而皆准'的技巧、方法、模式去'搞定'。教育当然有着普遍的原则，但所有的'绝招'都具有'针对性''现场性''临时性'甚至'一次性'。"

根据以上三位教育家的观点，我们可以归纳出以下三点：

其一，从教师的角度看，不同的教师，个人经历、文化层次、知识结构、性格特点不同，就决定了他们认识问题、解决问题的方式方法也会有所不同，不同的教师对同一篇章的处理也会显示出各自不同的教学风格。

其二，从教材的角度看，不同的文体有不同的特点，在教学过程中，教师要根据不同文体的特点，来安排教学目的和重难点，决定采用怎样的教学方法，设置怎样的教学程序。就是同一文体，不同的内容，教学步骤和方法肯定也会有所不同。

其三，从学生的角度看，不同地区、不同学校、不同班级的学生，其智力因素、心理特点、英语知识能力水平都不会相同。我们应遵循因材施教的教学原则，教学对象不同，教学要求、教学方法也就不同。

课堂教学到底需不需要模式？个人认为，对于新教师和想改变自我的教师而言，模式是必要的。不依托模式，仅凭自己探索是一件艰难的事情。那课堂教学需要模式化吗？我认为是不需要的。课堂采用了固定的模式，对于教师和学生而言是没有好处的。多站在学生的立场思考，怎样的学习设计更适合学生的学，而不是仅仅只站在教师的立场。教室是学生学习的场所，而不是教师炫技的场所。

“模式化”的弊端在于对简单的、易操作的教学模式过分地依赖。在教学过程中使用不当会限制教师和学生的思考力、判断力。一味地按照流程去组织教学，我们倡导的课堂生成就很难实现，所谓的“高效课堂”也会成为表面假象。

三、课堂教学如何突破模式化

1. 教师需要转变观念

从呈现知识向学生自己发现知识的观念转变，引导学生通过类比思考，自己发现知识、认识知识。

2. 教师需要关注细节

在课堂教学中，多关注学生的学。只有多关注细节，不断地去改进课堂教学，我们的课堂教学质量才能提升。

3. 教师需要放慢节奏

在教学过程中，教师认为一节课教的内容越多，学生就学得越多。但是教师并没有真正地明白，一节课承载的内容越多，知识就越呈现出碎片化的现象，“少就是多、慢就是快、学就是教”，放慢节奏，让学生的学习扎实有效。

总之，课堂教学模式的构建，对引领教育教学的提升有促进作用，但我们不能一味地追求教学模式化，要努力突破教学模式化，不断改进教学，才能提升教学质量。

第三章 用心构建和谐班级

从事班主任工作近十九年，在与形形色色的学生的相处中，认识到和谐班级的构建，需要抓好“四个教育”：家庭教育、习惯教育、心理教育、励志教育。原生态的家庭教育背景是学生成长的基石；良好的行为和学习习惯是学生成长的关键；心理健康教育注重疏导，让学生在成长路上如沐春雨；励志教育激发学生的内在潜能，使学生树立成才信念。用心做班主任，运用“四合一”组合拳，构建和谐班级，激励学生成长成才。

以家庭教育为基石

在许多次家长会上，我都和家长交流过家庭教育的问题，提出家庭教育是孩子成长的根基。作为班主任，对学生身上出现的问题，一定要学会和家长及时沟通，通过单独沟通或家长会的形式，逐渐改变家长在教育孩子方面的误区，真正实现家校合一，形成教育的合力。

都说三流的父母当保姆，二流的父母当教练，一流的父母当榜样。看一个孩子你就会知道他的父母是什么样的人，看父母你也就会知道他们的孩子会是什么样。这样的结论放在别人身上，我们会觉得很准，可如果用来说自己，我们却总会说不是。真的是这样吗？很多时候，我们常常能够在孩子身上看到父母的影子，有好的也有不好的。作为父母，当我们发现孩子身上有不好的现象出现时，首先要做的不是批评孩子，而是应该找找自身的原因。

优秀的孩子多是优质教育的结果，问题孩子多是问题家庭的影响。孩子的问题大多不是孩子自身造成的，而是父母问题的折射。父母常常是孩子问题的最大制造者，同时也是孩子改正错误与缺点的最大障碍。当务之急需要教育的不是孩子，而是父母，没有父母的改变就没有孩子的改变。

家庭教育的定律：父母若性格开朗，孩子也会积极向上；父母若尊卑有序，孩子也会尊老爱幼；父母若善良友爱，孩子也会爱心十足；父母若勤劳勇敢，孩子也会勇往直前；父母若相亲相爱，孩子也会内心强大，对未来充满信心……

作为父母，我们应该时刻注意这四点。

一、及时反省

为人父母者千万不可忘记，在亲子关系中，父母既拥有权利，也必须肩负责任。孩子难免会犯错，需要大人的教导，可他们毕竟还年幼，对于很多事情都只是一知半解，他们的错误更可能来自对父母的模仿。当孩子出现问题，父母不要着急去批评孩子，一定要先找到原因，从自我自上找，自我反思，发现教育问题，学会跟孩子沟通。好成绩当然是教师教出来的，但在应试教育竞争如此激烈的今天，这些好成绩正越来越多地浸透着父母的汗水。

二、做好榜样

作为父母，我们一定要让孩子看到我们相亲相爱、相互理解、相互包容、互相信任的幸福画面，让孩子看到我们认真读书、勤奋工作的努力身影，让孩子看到我们乐于助人、懂得感恩的生动形象，让孩子看到我们孝敬父母、团结亲友的美好场景……如此，不管将来我们的孩子身在何处，无论他们面临怎样的困境，他们都会受到存储在自己心智中的这些美好记忆的激励，从而强大自己的内心，提升自己的能量，勇敢地走出困境，达到更高的人生境界。

没有天生成功的父母，也没有不需要学习的父母，成功的父母都是不断学习提高的结果。父母一定要学会和孩子共同成长，要及时了解孩子的所思所想，多阅读有关孩子成长各阶段特点和教育方式的书籍。

三、学会倾听

进入青春期的孩子与进入更年期的母亲的冲突更多，不仅是因为处于内在的心理动荡期，更重要的是两者的外部压力都很大，孩子面临的是升学的压力，母亲面临的是事业的压力，这就更需要加强沟通。优秀的父母在这方面大都做得很好，他们良好的沟通来源于自觉地遵循了以下这三条原则：第一个原则是倾听，就是让孩子把话说出来，并且听懂孩子话里的真实意思；第二个原则是理解，就是站在孩子的角度想想是不是有道理；第三个原则是建议，有道理的孩子并不一定就能采取正确的行动，因此父母应该给予建议。在这三个原则中，倾听是父母们做得最差的。

四、正面管教

在管教孩子时，父母一定要明确指出孩子的错误，避免使用粗俗的语言批评孩子，更不可对孩子进行人身攻击。父母并没有明确指出孩子到底错在哪里，而只是一味地暗示孩子整个人都有问题，长此以往就会让孩子变得自暴自弃。

正如这样一句话："父母是原件，孩子是复印件，复印件出错，终究还是原件的问题。"细细品来，不无道理，这也足以看出家庭教育的重要性。当我们成为父母以后，无论何时何地，一定要注意自己的一言一行，因为在我们身边，时刻有一双纯真无邪的眼睛默默地注视着我们。

习惯教育是关键

截至2019年8月，我参加工作十九年，担任班主任工作也十九年了。回首自己的班主任工作历程，时常感慨：优秀的学生之所以优秀，是因为他们具有良好的习惯；而学困生之所以不优秀，就是因为他们没有良好的习惯。习惯教育对学生的成长成才至关重要，应该是班主任开展工作的重点。习惯包含行为习惯和学习习惯。发展心理学告诉我们，学生的习惯养成实际上是在小学阶段完成的。到了高中，再去改变一个坏习惯，养成一个好习惯，是很难的，但高中生的身心发展特点决定了高中生也有可塑的一面。所以，作为高中班主任要树立在长期抓反复的过程中改变学生的不良习惯的意识。

一、营造良好班风，注重学生行为习惯的养成

1. 抓好分班后的第一个月

分班后的第一个月是对学生进行行为习惯教育的关键期。把自己的管理理念全部讲给学生，制定符合本班情况的、操作性强的班规。由于在分班的第一个月，学生对周围的环境还不太适应，根据高中生的心理发展可塑性很强的特点，作为班主任多牺牲点自我时间，勤盯，勤转，多观察，抓典型，防患于未然。

2. 精心物色和培养一批优秀班干部

负责、高效的班干部队伍会让班级管理工作变得事半功倍。班主任要对班干部的工作方法、方式给予及时的指导。

3. 抓好卫生、纪律

抓好班级卫生、纪律，双管齐下，为营造良好班风、促进良好学风做铺垫。建立班级学生量化统计表，对每一位学生的行为、学习、日常小事进行量化，并由值日班长每日统计张榜。每月一汇总，到学期末，作为每学期学生发展报告和评优的主要依据。

二、抓细节，严要求，重落实

细节决定成败。在学生行为习惯养成的过程中，严格要求，关注细节，重视落实，才能使班主任工作真正得以落实。

1. 严格要求，以静治班

严中有爱是严格要求的前提。我们发现，在课余的大部分时间，教室处于一种不安静的躁动状态，学生说笑的比较多，追逐打闹现象更是时有发生，这使学生缺少了一种静悟思维的环境。而静悟思维是一切思维的开始，学生不能进入宁静状态，精力就不可能集中，记忆力就会下降，灵感就会丧失，做题速度就慢，字迹就会潦草，学习效率就低。为此，我要求学生进入教室必须保持绝对安静。但同时要求学生在体育课、课间操期间，动起来，尽情地运动。

2. 全员管理，每周反馈

动员全体学生参与班级管理，实行每周反馈制度。人人都是班干部，人人都是班级的主人。具体做法是：要求学生及时反馈班内一周情况，反馈内容多样化。这样减轻了每一位学生的思想负担，同时也减轻了班干部的工作压力。这种利用集体舆论治理班级的方法是非常有效的。最终实现了班主任在和不在一个样。但是全员管理，每周反馈制度实施的前提必须是建立良好的班风。否则，效果不一定好。

3. 情感周记，释放情感

对于写情感周记，我有以下几点建议。第一，学会让学生信任我们，学生只有信任我们，才会说实话。第二，一定要保护学生的隐私，不能在学生中间传播学生的隐私。因此对学生的情感周记，要亲自收，同时亲自发给学生。第三，学生的小问题认真对待，所写的批语要就事论事，不要空谈。对于大问题，运用心理学的理论知识，面对面地耐心交流。因为只有走进学生的内心世界，才能够了解学生的心。第四，情感周记可以采取集中交和分散交相结合的方式。第五，真正用心批改情感周记，虽然工作量很大，但是可以了解学生的心。第六，在面对学生家长时，本着换位思考、将心比心的原则处理问题。让学生定期交情感周记，能够达到定期释放他们情绪的目的；可以达到增强班级凝聚力，营造良好班风、学风的效果；能够预防因为情感问题带来的恶性事件的发生。

4. 规范请假，狠抓两休

严格请假制度，规范学生行为。请假程序：在我上班期间，严禁捎假，按照政教处请假程序办。无论是住宿生还是走读生，到家后必须用家中座机或请家长和我联系。在休班期间，学生请假必须由家长电话和我联系后，学生再用电话和我联系，避免随意请假和家长不知道的情况发生。家长不打电话，不批假。

两休纪律，抓好宿舍两休时说话问题是最关键的。尤其是多人说话，无论通过什么方式，必须查到个人，不能让犯错学生存有侥幸心理。

5. 主题班会，正确引导

高中阶段是学生自我发展的主要时期，也是危险期，他们不成熟，存在许多问题。而打架、谈恋爱是最为突出和严重的问题。因此利用主题班会分析利与弊，帮助学生从困惑中走出来，把握住自己，不走弯路，少走弯路。当然，对于原则性问题，要敢于亮剑，阐明立场，但要注重策略，攻心为上。比如谈恋爱问题，从心理学的角度来看，谈恋爱的心理是正常的。一定要讲明利害关系，说明我们的态度，学校的制度，千万不要一棍子打死。对于没有造成严重后果的学生，给他们改正的机会，毕竟他们还是在乎影响的，但是一旦处理不当，他们就有可能破罐子破摔，甚至出现其他极端问题。

6. 出其不意，未雨绸缪

让学生摸不准规律，不定期到教室巡视。及时发现班内的问题，有利于对班级实际情况的把握。同时要有计划地“找茬”，每逢大考期间，故意发点脾气，再一次严肃班规班纪。把学生在每一阶段可能出现的问题，提前想到，对症下药。“和风细雨”对于做学生工作来讲很重要，但偶尔“刮风下雨”更重要，学生心中没有敬畏之心也是不行的。

7. 合作学习，互帮互助

各学习小组水平总体要均衡，在形成良好班风的同时，必须构建良好学风。我个人认为小组合作学习不好评价，也不是最关键的，关键是通过小组合作引领学生互帮互助，使小组合作学习成为一种习惯，达到整体推进的效果。

三、创设学习氛围，重视学法指导

首先，在抓好卫生纪律、习惯养成的德育教育的同时，搞好班级文化建设：充分利用墙报，开展形式多样的教室文化，如名言警句、经验交流、优秀试卷展评等。每天的班级宣誓就是一个很好的教育过程，可以鼓舞学生士气，增强斗志。作为班主任要把握高中三年学生的学习规律，帮助学生找到适合自己的学习方法。

其次，班主任要多与任课教师沟通，做好协调师生关系的工作，形成融洽和谐的教学氛围，真正起到促进本班全体师生间关系的桥梁作用。

最后，平时注重对学生的高考心理素质的训练，注重做题的规范性。只有把平时的考试当高考，才会把高考当作平时的考试。每次大型考试结束后帮助学生总结学习中的得失、成功的经验、失分的教训；让优秀学生做经验交流，也可通过观看视频以及召开心理辅导性质的主题班会，培养学生的高考做题意识，让学生正确对待高考，使他们素质不断提高。毕竟高考是知识储备和应试心理的双重较量。

四、家校结合，优化教育环境

教师除了在学校处处培养学生的良好习惯，还要和家长密切联系，相互交流，把学校教育和家庭教育紧密结合起来，实现家校合一。从学习习惯、道德习惯、卫生习惯、劳动习惯、饮食习惯、交往习惯等各方面相互渗透，家长要督促学生的行为，时刻提醒学生要养成良好的行为习惯。班主任与家长不断地沟通，互相配合，让学生形成不良习惯的机会减到最小。同时作为教育者的班主任和家长，更应该注意自己的行为方式，为学生树立榜样，成为他们模仿的对象。利用好教育者本身这一教育资源往往会起到意想不到的作用。

多一个好习惯，心中就多一分自信；多一个好习惯，人生中就多一分成功的机会和机遇。

心理教育似春雨

心理健康教育指的是以提高学生心理素质水平为出发点，对社会所需人格进行培养的教育活动。面临高考压力的高中生，在人际交往、健全人格、学习心理等方面，往往存在着不同程度的问题，因此，作为引路人的高中班主任，应当在日常工作中，从心理问题的预防、发现和解决等方面出发，帮助学生提高自身的心理素质水平。具体来说，就是以高中生在心理活动上呈现出的规律为依据，应用不同的措施或办法，为学生的心理健康提供保障。

心理健康教育要想取得良好的效果，需要班主任针对不同学生的特点，制定相应的交流和沟通策略，只有拉近师生间的距离，班主任才能够及时发现学生存在的心理问题，为后续思想教育工作的开展奠定良好的基础。以内向、不愿与同学交流的学生为例，班主任应与学生父母取得联系，帮助父母了解学生存在的问题，让学生感受到父母的关怀，在此基础上，班主任再给予学生鼓励。

主题班会在心理健康教育的过程中同样发挥着十分重要的作用，班主任可以定期召开以“心理健康”为主要内容的班会，对每位学生呈现出的心理健康情况进行回顾和总结。另外，班会的主题还可以向考试心理教育、挫折教育等方面延伸，学生在掌握应对挫折、困难和问题的方法后，出现挫折感的概率会大大降低，承受能力也会随之提升。对学生而言，只有敢于面对问题并承担责任，才能够变得更加坚强、积极、有毅力。从本质上来说，班级氛围与心理氛围存在较高的重合度，正是因为如此，营造班级氛围同样可以被视为营造心理氛围，这给学生的心理健康带来的影响是不容忽视的。在对心理氛围进行营造时，班主任可以为学生提供和谐的班级氛围，使身处其中的学生主动与他人展开交往，班级团结程度也会因此而得到大幅提升。简而言之，高中班主任应充分利用自身角色所具有的便利性，疏导学生的情绪、缓解学生的压力，为学生提供轻松、健康的学习和成长环境，从而提高面向学生所开展的心理健康教育的效率。

随着认知水平的提高，心理健康的重要性开始为人们所熟知，心理健康教育也因此成了高中班主任开展日常工作的主要内容，其重要性自然不言而喻。因此，高中班主任只有采取切实有效的策略，对学生的心理健康进行疏导，使其养成积极、乐观的心态，对学生的意志品质加以强化，帮助学生尽快适应社会，才能使学生身心全面发展的目标得到实现。

励志教育树信念

励志教育运用教育心理学、教育激励学和教育管理学理论，激发和唤醒学生内在潜能，使学生从传统被动教育转向自觉自愿教育，从而让学生树立正确的人生观、世界观和价值观，让其产生积极的信念和优秀品质，激励学生敢于挑战、敢于超越。用励志教育引领班级管理至关重要。一个班级要有灵魂，就必须有信念，而励志教育是最好的路径。一个班级就好比一个人，没了精神，就会失去灵魂，失去竞争的动力、生命的活力。

针对当前学生的学习压力、心理压力较大，但又缺乏明确志向，处于一种无目标状态的特殊情况，推出励志教育，积极引导他们正确对待挫折。励志教育的推进应围绕打造班级核心精神，以班级文化为抓手，多管齐下。

一、建设班级精神文化

一个班级要有班魂，也就是班级精神。班级精神文化属于观念形态层，是班级文化的核心内容，主要包括班名、班训、班风、班级共同愿景（班级目标）、班旗、班徽、班歌、班级誓言、班级特色（名片）、班主任寄语等。例如，安排每天早读和晚读两次宣誓，誓词不重复。学生集体宣誓的过程既是一种教育，又是一种警戒，还是一种约束，更是一种激励，让学生每一天都有目标的成长；每周利用班会的时间有计划地对学生进行励志教育是班主任给学生定期充电的最简单易行的方法，前提是备好班会课，将一些生动的事例作为励志内容，如榜样激励、名人激励、形势激励、梦想激励、爱心激励等。

二、建设班级环境文化

环境文化是一种显性文化，主要包括教室内外墙面、走廊、空间等外显文化的整体设计与布置。例如，板报励志法。教室后黑板和教室里的空墙可以成为培养学生综合素质的阵地，宣传表扬在各方面表现突出的学生，以此激励学生自主学习，全面发展。专栏励志法。班主任可以在教室空墙上专门开辟“励志栏”，里面粘贴一些能震撼学生心灵的励志文章，并定期更新，点燃学生激情，鼓励学生奋进。才能展示励志法。学校、班级开展多种多样的主题活动，给学生充分展示才能的舞台，提高他们的积极性。奖状励志法。在各种活动、劳动后，在各种竞赛、比赛后，在各种测试、考试后，在各种才能展示后，对或某项才能优秀，或技艺非凡，或品质优秀的学生给予激励，在每学期结束时、每学年结束时，按学生综合表现给学生一张奖状，其意义是很大的，让学生在自尊自信的积极心态下，形成积极向上的学习氛围。

三、建设活动文化

人的能力能在活动中得到培养和锻炼。班级活动是班级文化建设的有效途径之一，班级活动一般可分为两类，一类是学校组织的活动，如军训、运动会、篮球赛、合唱比赛等。这类活动规模大、影响深，对于形成健康向上、团结进取的班级团队精神有很大作用。另一类是班级内部的活动，如主题班会、辩论会、演讲会、兴趣小组等。这些活动内容广泛、形式多样，能对学生的思想、观念起到潜移默化的影响作用。

四、建设制度文化

建设制度文化主要包括建立师生认同的班级发展规划、班规班约、责任分工、考评激励等。班主任应重视学生意见。学生是班级的主人，所以在班级文化建设过程中，要充分尊重学生的意见。班级制度可以通过学生讨论、班委集中、班主任指导的方式来制定。这样制定出来的制度才会得到学生的认可，才会有生命力和实效性。

五、建设行为文化

行为文化主要包括班级常规管理，学生行为课程的建设与实施，学生在活动中表现出来的特有的行为准则、思维方式、行为方式、行为习惯等。作为班主任要对每个学生内部对立因素的存在状态及关联进行准确分析和妥善处理，这是励志策略的一个重要特点。教师对学生的一对一谈话激励形式是励志教育的重要形式，可以激发其潜力，使其情感得以开发调动，使其形成奋进的动力。

励志是学生成才的第一要件；励志是对被教育者最好的奖赏；励志是超越知识，走向智慧，学生将来拥有终身幸福的必要精神力量。励志教育开辟了教育教学的新途径，它深入学生的内心，激发了学生潜能，强化了学生的自信，让学生美丽的青春绽放出迷人的光彩。总之，通过励志教育可以培养学生的意志品质，提升学生的学习能力，促进学生身心健康发展，形成民主平等、师生互动、协同发展的新型师生关系，有利于学生自由、健康、全面、充分的发展。

附：

2012年3月在全校班主任工作会议上的经验交流材料

情感周记——高中生情感释放的有效途径

沾化县第二中学　张吉松

各位老师：

我想通过一个案例谈一下我对写情感周记的一点认识。为保护学生的个人隐私，采用化名。

学生：李华，一个内向不爱说话的男生，学习成绩很差，比较服从班级管理。

在3月13日晚上临放学时，李华将他的情感周记交给我，我仔细看后很后怕。他在周记中写道："老师，我很苦闷，很压抑，对学习我已经完全失去信心。重病缠身的父亲一直期盼我考上大学，能够给家人增光添彩，可我上课什么也听不懂，也学不进去。本来我不想上高中，但是父命难违，是他们逼着我上高中的。几次想和父亲说退学，却不敢。父亲为了我，吃苦受累供我上学，我能理解他们，可我在学习上做不到。我恨自己！前天，我一个人爬到五楼，站了很久，我想是不是跳下去就没有痛苦了，就能够解脱了，但一想到父母的养育之恩和期盼，想到老师的关心，我犹豫了。借写周记的机会和你说说。学生李华。"晚上快十二点了，我却没有困意。第二天早读，我找到李华，告诉他，非常感激他对老师的信任，但走极端是不能解决问题的，他很苦闷，很压抑，说明他是个懂事、想上进的孩子，体谅父母。因为无心学习才产生了一种负罪感。当我说完这些话时，李华哭了。我说是否可以由我出面请他父母来，帮助他和父母面对面地交流一次，李华答应了。李华的父母来到学校，我首先把李华的情感周记交给他们看。他们很惊讶，同时很感激。我对李华的父母提了两个问题：生命和学习哪个重要？李华通过写情感周记告诉我有过一次跳楼的想法，谁能保证没有第二次？经过一番交流，李华父母同意将李华带回家，并且非常感谢学校的细致管理。

我庆幸发现及时，如果没有写情感周记这一措施，李华也不可能主动把自己的想法告诉我。在家人不知道，我不知道的情况下，一旦发生悲剧，后果不堪设想。

通过让学生写情感周记，我们会发现现在的高一学生内心很脆弱，很偏激。他们非常需要被理解，被关注，被疏导。表面上看起来他们什么也无所谓，其实内心也很苦闷，很压抑。如何处理同学关系（包括恋爱关系）？如何处理父母期望值过高和自己成绩差的矛盾？如何改善个人学习成绩和学习习惯？如何处理因为单亲或父母关系不和谐带来的问题？等等。这些问题是学生在成长路上必然遇到的问题，但他们自己无法解决，长期压抑心中，找不到情感释放的有效途径，做出一些极端行为也就在所难免了。

以上是我对写情感周记的几点不成熟的认识。

谢谢大家！

2012年3月18日

2018年1月在全校班主任工作会议上的交流材料

关注学生心理，用心做班主任

我个人认为，想要教育好今天的高中生，首先要提高自身素质，提升个人魅力；其次要抓住学生的脉搏。毕竟亲其师，才会信其道。自身素质的提高是树立个人威信的基础，要想让学生信服，必须严格要求自己，不断加强个人的业务修养，并将此体现在平日的一言一行中；以积极认真的态度上好课，教好书，真正成为学生德育、智育上的楷模。

高中生因其发展的特殊性，备受社会、家长关注。高中三年，每一位学生的心理发展和需求每一年都是不一样的，而且每个年级的学生又都有自身的特点。因此，抓住学生的思想脉搏是做好班主任工作的关键。因此，作为高中班主任必须坚持终身学习的理念，坚持经常“充电”，阅读有关学生心理学方面的书籍和班主任管理方面的文章，并向有经验的班主任学习，建立和丰富个人的班级理论管理体系。

一、一个理念

我的班级管理理念：做学生的良师益友，用真诚和爱心对待班中的每个学生，注重学生的长远发展。

二、三点反思

1. 让学生有敬畏之心

十几年的班主任经验告诉我，没有敬畏之心的班级管理，很难树立出一股正气。敬，要求我们以自己的人格魅力和学识赢得学生的尊重。为此，必须上好自己的课，用自己的敬业态度和业务水平感染学生；处理班级事务一定要做到公平公正，对事不对人，要尽可能公平公正地对待每个学生。畏，不是让学生表面上惧怕班主任，内心反抗班主任，而是让他们畏惧班级的管理制度，畏惧班级公约，用班级制度、班级舆论规范学生的行为。

2. 对待学生，要严而有格，严中有爱

实践证明，简单粗暴的班级管理方式只能一时管用，伤害的可能是学生一辈子的心，毫不客气地说，可能会给学生留下一辈子的阴影。要用对待自己孩子的心，去关爱学生，不能为了管理而管理，要通过管理让学生慢慢地感受到我们是爱他们的。

3. 班级管理的方法问题

因为我们自身的性格、经历、阅历不同，管理的风格不尽相同，所以找到适合自己的班级管理模式才是最重要的。我想任何班级管理方法，不触及学生的利益都是无效的，也不会长久。昌乐二中的小组评价，我没有完全学会，但我个人认为，所有的评价最好是简单易操作的，过于烦琐的评价体系是没有持久生命力的。培训是最好的管理方法，陪伴是最好的温情教育。

三、六项措施

1. 立规矩，没有规矩不能成方圆

我参照《沾化二中学生量化考评细则》制定了符合本班的班规，然后选好班干部并对他们经常进行培训。昌乐二中的“培训是最好的教育”是有道理的。

2. 将纪律、卫生的量化得分和学习成绩捆绑评价

实行分层分组调整座位，让学生感受到座次就是位次，让量化得分和学习成绩说话。每次月考大调整，每月月末，按照量化得分微调。宿舍调整，按照每学期每个宿舍的总得分，重新选择阳面宿舍。通过这种方式让学生体验竞争带来的尊严感，从而激活学生内在的学习潜能。

3. 每周反馈，人人参与班级管理，相当于监控

所有学生可以将班内发现的任何违纪行为单独报告给我。随着反馈次数的增加，违纪行为越来越少，班级风气也越来越正。经过多年的较量，我们班主任基本具备了一名侦探的能力。通过每周反馈，可以无中生有，声东击西，打心理战，提前预防，防患于未然，目的就是使学生达到班主任在与不在基本一样的境界。

4. 释放学生内心的情感

作为多年的班主任，我们都深有体会，高中三年，每一年学生的心理特征都是不一样的，如果不以发展的眼光处理问题，是很难把握学生心理的。也只有了解了学生的心理，他们才会信任我们，才会向我们释放他们的情感。我个人认为，学点心理学知识是很有必要的。2013年5月，我获得国家心理咨询师三级证书，2015年我主持了省教研室课题“新时期农村普通高中‘发展滞后生’心理成因分析及转化策略”。通过研究在高中三个年级的不同阶段，发展滞后学生在学业、品德、心理三个方面的心理成因和转化策略，使我感到面对现在的高中生，必须关注他们的心理健康，注重他们的长远发展。尤其是单亲家庭的孩子，更需要关注他们的心理。

5. 学会和家长交流沟通，建立班级微信群

通过班级微信群，学会和学生家长打交道，要站在学生家长的角度，将心比心，让家长及时参与孩子的管理。有些问题，必须家校合一才能解决。

6. 充分发挥班级文化的作用

班级文化建设的内容必须符合本班的实际，通过班级文化，营造一种激发斗志，积极向上，充满正能量，温馨的学习氛围，引领全班学生形成合作竞争的氛围。

总之，作为一名班主任，要有一颗仁爱之心，像对待自己的孩子一样呵

护学生，关注学生的心理健康，才能促进学生长远发展。人的心理发展是分阶段的，心智发展有快有慢。因此，在学生习惯养成阶段，要允许学生犯错，毕竟习惯的养成是一个渐进的过程。高中学生的年龄特征决定对他们的管理是一个反复且长期的过程。我们对班主任工作也要心存敬畏之心，只有拥有敬畏之心，我们在处理问题时，才会多一分冷静，才会更加慎重；拥有感恩之心，我们才会收获更多学生的真心。

第四章

科研引领促我成长

2011年至2018年，我主持了两项山东省教研室课题和一项山东省规划办课题，且均已顺利结题。通过主持三项课题使我坚信：课题研究是教师实现专业成长的重要途径，是教师成为真正研究者的必经之路，也是每一位教师应该不懈努力的方向。

课题研究重方法

作为一线教师，研究课题就是将课题根植于我们的教学实践，做课题—发现问题—解决问题，解决学校发展、课堂教学、教师成长、家庭教育等各方面的问题和困惑，用先进的教育理论指导具体的教育、教学工作。“一线教师参与教育科研活动，实际上是要求在更高的水平层次上展开教学活动，即从强化日常教学中蕴含的科研成分着手，以科研的思路去重新审视教学过程，发现问题、思考问题，形成解决问题的策略，并通过教学实践使其得到验证与完善，从而使教学工作逐步向最优化方向发展，同时也使自身的素质水平得到提升与飞跃。”换句话说，开展课题研究要有理论支撑、有具体的路径，使教学工作和自身成长都受益。

课题研究是教育和教师自身发展的需要。随着时代的发展，在教育改革的今天，要想在教育教学上有所作为，必须要有不断学习的意识和能力；要有敢于实践、勇于创新的能力，由“经验型”向“科研型”转变，更新教育观念，以科研带教研，以教研促教改，对教师自身的素质大有益处。正如林崇德所说，“教师参加教育科学研究，是提高自身素质的重要途径”。作为课题研究者，必须清楚做课题研究是为了解决在教育和教学中发现的问题、遇到的困惑，这些问题包括自己在教学实践和教育管理中遇到的问题。通过做课题必然增强我们的科研意识。做课题研究时要查阅大量的资料，当我们阅读了大量的有关教育、教学的书籍后，就会形成自己的教学理念。在教科研实践活动中，不但能够转变我们的教育观念，而且使我们养成一种用新的教育理念去思考自己的日常工作的习惯，自觉地去改进自己的教育手段和教学方法，从而进行反思教学。以课题研究为驱动力，以行动研究促进教师自我发展、自我提高，我们才会实现由“教书匠”向科研型教师转变。

如何进行课题研究是大多数一线教师感到困惑的地方，感觉无从下手。事实上并不是没有什么可研究的问题，而是缺乏发现问题的眼睛，这就需要教师树立起问题意识。对进入头脑中的事物和现象进行“为什么”的思考和追问，思考其存在的合理性，追问其所以然，问题意识就会逐渐增强并形成。因此，要在教学实践中时刻保持问题意识，不断追问，从中发现有价值的问题，形成课题。

一、选择课题应遵循三个原则

1. 有价值原则

有价值原则即研究的问题是学校或自己的教学工作中需要解决的事实问题或理论问题，研究成果能够推动教学工作实践或理论的发展。

2. 可行性原则

可行性原则是指通过教师和学生参与实施学校管理和教育教学研究工作，能够获得预想的结果，使课题具有可行性。

3. 创新性原则

教育科研贵在创新，要尽量避免常见的或已有很多人研究过的问题，多关注新鲜事物，关注前沿理论。选题时应进行大量的文献检索，广泛学习和阅读他人的研究成果，避免重复研究。选题必须具有研究价值，符合教育教学发展的需要，考虑现实需求。选题可以包括研究的问题是别人没有涉及的问题；课题研究的指导思想有新的理念；解决问题有新的途径与方法，研究结果总结出新经验、新规律等。比如，2012年4月我主持的山东省教研室课题“农村普通高中英语‘学案导学小组合作’教学模式构建研究”形成了一些理论成果和实践层面的成果（“学案导学小组合作”教学模式导学案的命制原则、小组合作教学应遵循的原则和五种课型的基本步骤等，形成了一套完整的、实用的教学模式），该课题侧重小组合作教学思想并初步探究以导学案组织课堂教学的思路。而2018年1月我主持的省规划办课题“农村普通高中英语‘目标导学，当堂达标’教学模式构建研究”的特色及创新之处在于：该课题的研究以目标教学思想为基本思想支撑，最终构建起农村普通高中英语“目标导学，当堂达标”的教学模式，改善农村普通高中英语教学质量，大幅度提高农村普通高中学生的英语成绩。该课题是“农村普通高中英语‘学案导学小组合作’教学模式构建研究”的发展与延伸。虽然研究的范围有相似性，但本课题对导学案的命制更科学有效，突出目标导学教学思想；课堂教学也不仅仅停留在小组合作形式的展示上，更注重以当堂达标为检测标准的课堂效率上。

爱因斯坦说："提出一个问题比解决一个问题更重要。"课题的选择非常重要，选题做好了，应当说研究就成为可能。研究的课题要反映现有的理论和实践的广度与深度，也要反映科研前景的广度与深度，需要创造力与想象力。

我认为对一个课题设计主要围绕这几个方面开展："为什么做该课题""该课题做什么""该课题如何做"。"为什么做该课题"的问题，主要从研究背景、课题依据、核心概念界定、研究现状、选题意义等方面阐述；"该课题做什么"的问题主要包括课题的研究目标、研究内容、研究假设、创新点等几个方面的内容；"该课题如何做"的问题包括课题的研究思路、研究方法和实施步骤等内容。

二、进行课题选题时应注意以下事项

（1）从实际出发，在研究中实践，在实践中研究。

（2）不要贪大求全，最好结合教学实践，研究小问题。

（3）注重平时积累，从小处着手。要有问题意识，做教育、教学的有心人，平时多观察，在工作中多问为什么；善于发现工作中的问题，总结自己的教学经验。

三、课题研究分三个阶段

课题研究分准备阶段、实践阶段、总结阶段。

1. 课题研究的准备阶段

课题组需要做到：

（1）理论准备。收集、查阅、分析有关课题的资料。

（2）课题论证：第一，阐明研究该课题的理由；第二，主要解决什么问题；第三，难点是什么，怎样解决，如何突破；第四，前期成果有哪些？在论证的时候能清晰地知道这个课题要解决的是什么，创新点是什么。进行课题研究，做好课题方案很重要。方案是课题研究成功的保障。

（3）制定设计方案，基本框架包括：①课题名称；②问题的提出；③研究的依据和研究假设；④研究的内容；⑤研究的方法；⑥研究对象；⑦研究步骤；⑧研究保障；⑨成果预测；⑩课题组的组成及分工，还有经费预算和资料附录等。

2. 课题研究的实践阶段

（1）根据课题研究的内容、策略进行扎实的实践，不走过场、不玩花哨。

（2）记录、收集实验的原始材料，包括阶段性报告、总结、个案分析数据等。

（3）发挥团队作用，群策群力。

3. 课题研究的总结阶段

（1）整理资料，总结研究实践情况，对相关数据做理性分析，做好结题准备。

（2）撰写科研报告、研究论文，全面展示研究成果。

四、撰写研究报告应注意的几个问题

1. 紧扣主题

撰写研究报告要围绕研究课题所涉及的研究对象、研究内容和研究目标来写，注意回答预定研究目标所设定的问题。

2. 预先整理好实验数据与素材

做好材料的选取。要选用最有价值的材料，与论题无关的材料、不能说明问题的材料要坚决去掉；确定正文材料和附件材料；做好材料的加工；调查数据、测试数据、实验数据等材料要采用教育统计的方法进行加工、提炼，使之条理化、规范化、系统化，才能从中找出规律，得到正确的结论。

3. 行文前先拟好提纲

撰写研究报告写作提纲要思路清晰，层次分明，头尾连贯，符合逻辑，形成整体；提纲要经过反复讨论，行文时少走弯路；不同的研究题目，文章的结构、格式、栏目可有差别，不要死套格式。

4. 观点要鲜明，突出创新性

课题研究创新之处是课题研究的亮点，对创新性的描述一定要简单明了。

5. 写成初稿后要反复修改

好文章不是写出来的，是改出来的。请专家或同行提修改意见（旁观者清），从多角度论证，减少失误。

五、撰写结题报告

结题报告是实施研究计划，保证课题研究任务完成的工作总结是课题评价验收的重要文本。结题报告一般由四部分组成。

1. 概述

概述课题研究的基本情况，包括级别、文号、课题背景、课题组成员，主要研究步骤、过程、时间发展。

2. 方法

方法指研究本课题的做法、体会、经验，包括指导思想、研究策略、具体方法，如何争取领导改善条件，处理各种关系，如何推广阶段性成果等。

3. 结果

列举本项研究所取得的各种形式的理论成果、应用成果、社会效益或阶段性成果。

4. 评价

对成果和不足做出评估，对成果的应用推广、对本项科研的进一步深化，提出建议与意见。

因此，要学会从如何选择恰当的课题、如何进行课题设计、如何成功申报课题、如何做好开题论证会、如何实施课题研究、如何面对中期检查、如何撰写结题报告、如何做好结题工作、如何推广课题成果等方面，提高对课题研究的认识，不断提升课题研究的能力。“成为一个懂课题、会申报课题、会研究课题的教师”，应该是每一位教师不懈努力的方向，教师应逐渐改变对课题研究的畏难情绪。

农村普通高中英语“学案导学小组合作”教学模式构建研究

一、本课题的研究内容

（1）在农村普通高中英语课堂教学中，对学案导学的制定和小组合作的分工进行研究。

（2）初步构建农村普通高中英语“学案导学小组合作”教学模式，使之在高中英语课堂听力教学、阅读教学、语法教学、作文教学及试卷讲评课中尝试运用。

（3）通过构建农村普通高中英语“学案导学小组合作”教学模式，使学生在英语听说读写译等方面有所改善、提高。

（4）构建农村普通高中英语“学案导学小组合作教学模式”的具体研究内容：根据系统论原理，“学案导学，小组合作”课堂教学模式不仅把教学过程看作一个系统，而且也把教学内容看作一个系统，要求学生依据导学案，运用小组合作教学模式，在高中英语课堂听力教学、阅读教学、语法教学、作文教学及试卷讲评课中寻找到解决某一类问题的方法和规律，做到举一反三，提高学习的效率。

二、“学案导学小组合作”课堂教学

“学案导学小组合作”课堂教学有一个基本的教学模式，就一节课而言，其基本模式为三个阶段、七个环节。

1. 课前预习阶段

（1）明确目标：在导学案中，把学生自学的内容、方式、时间、要求、检测方式明确列出来，使学生有明确的自学目标，为课堂学习做充分准备。

（2）自主学习：学生自学，要求学生独立思考，做好笔记，把简单易懂的内容学会，并将不懂的疑难问题标出来。

2. 课堂学习阶段

（1）合作交流：个人不能解决的问题通过小组交流解决。小组内互相帮助、共同提高。交流的形式灵活多样，可以是师生合作、生生合作、组组合作。

（2）展示点拨：通过合作交流仍解决不了的问题反馈给教师，教师视各学习小组探究情况，将疑难问题分配给学习小组，各学习小组准备后展示疑难问题，教师或学生给予点拨，或教师引导学生突破难点。

（3）达标测试：针对教学内容进行测试，由学生互批互改，或者教师在课上边讲评边批改，做到堂堂清、人人清。

3. 课后巩固阶段

（1）巩固提升：课后测试，并附上详解答案。由学生进行互批互改，课下强化本课所学内容。

（2）盘点收获：自我总结归纳本课的所学内容，将所学的知识形成完整的体系，并做好自我反思。

三、本课题研究的意义

1. 有利于提高农村普通高中英语教育教学质量和学生的英语学习成绩

高中英语“学案导学小组合作”教学模式以人的社会性和个性化相互关系的理论为基础，探求自主探究，以自主推互动的客观规律，研究新的师生互动方式、学生互动方式、人机互动方式，推进学生学习方式和教师教学方式的改变。“学案导学小组合作”教学模式以培养学生创新精神和实践能力为重点，发挥学生的潜能，让学生学会合作、学会交往，让学生动起来，重在全员参与，并在参与中体验、感悟，在感悟中发现、提高；使学生具备敢想、敢说、敢问、敢创新的精神，激发学生创造性发展的素质；有利于培养善思考、高质素的人才，适应信息时代教育发展的要求。高中英语“学案导学小组合作”教学模式有利于教师课堂角色的转变，使教师从单纯注重知识传授转变为关注学生的学习方式、学习愿望和学习能力的培养；有利于形成一种师生合作、平等参与的课堂教学局面，教师通过组织学生运用合作、小组学习等方式，在培养学生合作与交流能力的同时，充分调动每一个学生的参与意识与积极性；有利于学生自主学习能力的培养，学生只有实现了自主学习，才能体现学习的个性化，才能实现自我的全面发展，才能为终身发展奠定基础。

2. 具有很强的实践意义，为同类学校进行此领域的探索提供某些参考和借鉴

运用“学案导学小组合作”教学模式，让学生有明确的学习任务，能大大提高师生课堂教学行为的有效性，使教师业务素质整体提高，使学生学会学习、善于学习、乐于学习，形成终身受益的学习能力和良好的学习习惯，达到课堂教学最优化，从而构建高效快乐的课堂，增效减负，全面提高教学质量；有助于有效落实国家新基础教育课程改革精神，深化课程改革实验，提高课堂教学实效，提高教学质量，全面推进素质教育。

四、本课题研究成果分为理论和实践两个层面

（一）理论成果

1.“学案导学小组合作”教学模式导学案的命制原则

首先，深刻解读高考大纲中关于各种课型教学的要求是编制好英语导学案的前提。

其次，充分挖掘教材及相关资料是编好英语导学案的基础。

再次，认真研究学生、全面了解学情是编好英语导学案的保障。

最后，准确定位学习目标是编好英语导学案的关键。

2.“学案导学小组合作”教学应遵循的原则

首先，小组分工要合理。

其次，强调小组合作的重要性。

再次，小组评价方式的转变。

最后，引导小组内解决个性问题，帮助学生解决共性问题。

3. 五种课型的处理办法

（1）听力教学的方法

套题集中训练法：在制定导学案时，首先应充分考虑学生的实际水平，制定好符合教学实际的听力导学案。其次，根据学生的兴趣爱好、个性、能力等进行合理搭配，可以4人或6人一组，并明确分工，力争使每位学生都有事可做，而不是看客。再次，在完整听完一套听力材料后，要求学生自己对答案，并将自己听错的、听不懂的、听对的画出来，然后按照小组分工，进行讨论，把影响这套听力材料的所有因素罗列出来，分组汇报，对共性的问题进行解决。最后，将本套听力材料根据小组汇报的重难点，有重点地再听一遍。在学

生听完之后，要求学生将本套听力材料以2人或3人合作的形式大声朗读出来，在具体的语境中去感受，去体会，同时对自己的错误原因学会反思。

专题分散训练法：对关于某一专题的听力材料，采取分散听的方法，有利于强化学生对同一话题的感知、理解、运用。我们在制定导学案时可根据其中的某一话题编制，分散听，反复听。首先，作为教师在上听力课之前，将属于同一个话题的听力材料进行归类，并将专题听力材料中可能遇到的重难点，尤其是解题方法，在制定导学案时呈现出来，便于指导学生对听力专题的整体理解和把握。其次，按照4人或6人一组进行合理分工。再次，将同一话题的听力材料逐个听。每放完一段材料，让小组讨论，主要讨论材料中的难点、疑点以及解题方法，从而对听力专题有整体的理解和把握。最后，小组朗读，理解感悟听力材料。

（2）阅读教学和语法教学的理念

首先，运用导学案对学生的学习进行课前引导；其次，课堂教学中，教师要加强课上指导；再次，在小组合作的同时，要关注各个层次的学生，进行合理评价；最后，结合小组合作，导学案还应注重引导学生在教学重点内容上展开探究。

（3）作文教学的具体操作过程

组内讨论，酝酿观点—拟订提纲，撰写初稿—批改范文，自批互批—及时改进，整体提高—借助投影，教师点评—总结巩固，能力提升。

（4）试卷讲评课的步骤

第一步：试卷讲评的时效性。第二步：制定学案导学的针对性。第三步：进行小组分工的合理性。第四步：合作探究的实效性。第五步：学生展示，教师点拨的重要性。

（二）课堂教学成果

1. 学生层面

（1）学生学习兴趣、学习方法的变化与分析

表1　试验班和对照班比较数据分析

项目	喜爱英语（%）	自主学习（%）	主动合作（%）	敢于质疑（%）	勇于发言（%）	顺利作业（%）
试验班	96	100	93	100	92.5	95
对照班	68.5	40.8	50.4	51.6	32.6	64

从表1可以看出：

①试验班的学生更喜欢英语，更乐于上英语课。

②试验班学生的学习观念、方法和过程发生了根本转变。

③试验班学生学会了学习，不再靠教师讲解，而是主动去学；不再是封闭自己，而是与他人主动合作；不再是单纯地记忆答案，而是注重知识的来龙去脉；不再是将知识学死，而是灵活运用，顺利完成作业。

④试验班学生的合作意识、创造精神得到提高，学习信心增强。

⑤试验班师生之间、生生之间多向互动，学生的学习能力增强，教学质量也明显提高。

（2）学生学业成绩的变化和分析

表2　试验班和对照班比较数据分析

项目	及格率（%）	优秀率（%）	平均分	上线率（%）
试验班	100	70	122.5	86
对照班	82	40.3	98.7	40

以上数字表明：试验班由于采取了“学案导学小组合作”的教学模式，全班学生成绩都得到了提高，使学困生得到转化，优等生更上一层楼，全班形成了互帮互学、你追我赶、不甘落后、积极进取的浓厚学风。

2. 教师层面

（1）教师的教学观念、教学行为得到了根本性的改变

伴随着理论学习和课题研究实践的深入，教师已经清楚地认识到，课堂教学不仅仅是系统地向学生传授知识技能，更主要的是激发学生的学习兴趣，进而培养他们的实践能力和创新精神。我们要把课堂还给学生，让他们在课堂上焕发出生命活力，让他们的主体精神、个性得到充分张扬。由于学生的学习方式与教师的教学方式、学生的主体地位与教师的主导作用之间联系紧密，教师在教育教学中不仅要转变观念，更要改变教学方法，调整教学策略，让自己的教学行为符合新课改的理念，符合素质教育的要求。这一切都促进了教师教学能力的提高。总之，“学案导学小组合作”教学模式的探索和运用提高了教师的科研能力和教学艺术。

（2）促进了课题组教师的专业化成长

随着计算机和网络技术的发展，学生学习知识的渠道和途径日益多样化，学生的独立意识和自主意识也在逐渐增强，这些对教师提出了新的挑战，同时促进了教师知识结构的更新优化和教学艺术的成熟与精湛。课题研究提升了教师的教育教学水平。

（三）教学模式的构建促进了教师专业的成长

1. 课题的研究与探索提高了教师自身素质

现代教育对教师的要求越来越高，广大教师特别是中青年教师已经意识到了危机，他们开始从课堂效率的提高方面加强对教材的研究。

2. 促进教师教学观念和学生学习习惯的转变

（1）教师教学观念的转变

我们知道在传统的课堂中，有时也会有几个所谓的“优秀学生”跟教师互动，但大多数学生被忽视了，成了课堂的“看客”，久而久之，一部分学生连“看客”都不当了，成了课堂里的“木头人”或是破坏者。当然有经验的教师根据试卷测试情况，有所侧重。对多数学生做对的试题不讲，错误较多的试题重点评讲。这种做法虽比传统的填鸭式教学好，但仍然是教师讲、学生听，形式单一，就题论题。学生只会解一道题，不能通解一类题，未能很好地体现学生的主体性和能动性及教师的主导作用。然而，小组合作探究让每一个学生成为课堂的主人，教与学的关系、教与学的方式都发生了根本的变化：教师不再是“操盘手”，每个学生都有体验的机会；课堂不再是教师独霸的舞台，而是学生学习的天堂，学生成了课堂真正的主人，教师完全退居到幕后，真正成为课堂教学的组织者、学生学习的引导者。因此讲评课应以学生为主体，应将学生自行发现问题、自行讨论分析、自行纠错、自行归纳总结、自行解决问题这条主线贯穿讲评课的始终，教师要多一点“启发式”教育，少一点“告诉”教育。学生自己能学会的，教师坚决不要教。教师只是充当点拨者和引导者。在课堂中，教师要大胆地把时间交给学生，让他们自己去思考，去查找，去辩论，从而自己去总结，要求学生先思考自己的错题及错误产生的原因，这样有利于课堂节奏的加快。当然，作为教师必须做到充分备课，制定好具有实效性和操作性强的学案，具备较强的课堂驾驭能力。

（2）学生学习习惯的改变

在传统的课堂中，教师的一味讲解使一些学生形成了很强的依赖性，导致他们在小组合作学习中无所适从。因此，必须把小组合作的学习意义及操作流程告诉他们。只要教师长期坚持，学生自然会慢慢适应，并很快能够感受到小组合作所带来的成功喜悦。

3. 运用小组合作学习的优势

（1）培养学生的学习能力，提高课堂效率

运用小组合作学习方式，做到“查、联、拓、深”。只有做到知识的归纳和延伸、学生能力的培养和提高、应试技巧的训练和养成，才能提高课堂效率。

（2）小组合作学习有助于因材施教

大班教学一个重要的不足是一位教师难以面向有差异的众多学生。首先教师在教学中只能按照教材赶进度，根本没有精力和时间来转化学困生、扶持优生。因而不同层次的学生没有展示自己才能的机会，更谈不上在各自基础上有所发展。小组合作学习的高密度的交互作用弥补了这一不足，解决了这一难题。

（3）小组合作学习有助于学生英语素养的全面发展

传统的大班英语教学是学生个体的孤立和封闭的学习活动，没有主体间的知识和经验的交流，因而学生的主动性全凭个人的自觉性和能力，很容易对学习厌倦和放松。而小组合作学习环境营造了学生积极参与，高密度交互作用和积极的自我概念，学生之间可以取长补短，互相学习。学生不仅在主动探索活动中发现自我，激发学习兴趣和动机，还以群体间经验交流的方式表现出他们的能力，相互启发产生情绪感染和思维的碰撞，生成更多的探索愿望，形成自信、自强精神；小组合作学习中学生的积极参与和合作使他们了解了自己的优势、弱点，明白了自己的需要，逐步破除了独生子女以自我为中心的态度，养成容纳不同意见的习惯，从而使其形成主动开拓精神。

以学案导学为依据，在高中英语教学中，充分运用“学案导学小组合作”教学模式是提高教学质量的有效方式，也是在新课改中推行高效课堂的有效手段。

（2012年4月经山东省教研室鉴定结题并荣获省教学研究优秀成果三等奖）

新时期农村普通高中“发展滞后生”心理成因分析及对策研究

“新时期农村普通高中‘发展滞后生’心理成因分析及对策研究”课题组主要在以下三方面进行了创新：①立足农村普通高中学生现状，结合我校学生实际进行有益探索；②研究我校三个年级“发展滞后生”在学业、品德、心理等方面存在差异的心理原因；③从学校管理、班级管理、心理健康教育等方面提出并探索出一系列有效消除这些心理问题、促进“发展滞后生”持续发展的措施、途径、方法等，同时促进更多学生健康持续发展。

一、“发展滞后生”总述

（一）高中生的总体特征

高中生认知结构的完整体系基本形成。高中生认知结构的各种要素迅速发展，思维能力基本上完成了向理论思维的转化，抽象逻辑思维占了优势地位，辩证思维和创造思维有了很大的发展。认知系统各种因素基本上趋向稳定状态，智力的品质和个别差异基本定型。认知系统的完整结构已经形成，其功能更加完善。

高中生认知学习的自控程度明显增强。由于理论思维趋于成熟和自我意识的发展，高中生的观察力、有意识记能力、有意想象能力迅速发展，思维的目的性、方向性更明确，认知系统的自我评价和自我控制能力明显增强。

高中生思维能力的发展变化渐趋成熟。高中生能运用理论假设进行思维，思维具有更强的预见性；能撇开具体事物，运用抽象概念进行逻辑思维，抽象逻辑思维的科学性理论性更强，思维步骤更完整。他们能按照提出问题、明确问题、提出假设、制定解决问题的方案、实施方案、检验假设的完整过程去解决探究性的课题。高中生抽象思维的发展有力地促进了其辩证思维的发展，从而形成了抽象逻辑思维和辩证思维协调发展、相互促进的新局面。高中生基本上能理解特殊与一般、归纳与演绎、理论与实践等辩证关系，能用全面的、发展的、联系的观点去分析和解决问题。思维的敏捷性、灵活性、深刻性、独创性和批判性明显增强，并且元认知水平提高，能对自己的思维进行自我反省、自我调控，确保思维的准确性和思维效率。

青春期心理特征概括为三个特点、四个矛盾和四种表现形式。三个特点即波动性、躁动性、反抗性；四个矛盾即成熟与幼稚、独立与依赖、闭锁与开放、成就与挫败；四种表现形式即关注自我、寻求同伴、乐于评价、情绪难控。

（二）高中生的心理发展特点

通过查阅相关资料发现，目前高中生的心理发展具有以下特点：

（1）智力水平接近成人高峰状态。注意力和观察能力具有一定的目的性、系统性、全面性，但欠精确。开始理智地思考问题，思维活跃，经常提出问题，能独立地判断是非善恶，不轻信别人的结论，爱评论和争论，希望独立地解决问题，但往往会以点概面，比较偏激。

（2）情绪体验较初中阶段强烈，情绪内容广泛，具有一定的连续性，形成各种心境，遇到挫折会有种种消极情绪。

（3）意志动机的主动性、目的性增强，能掌控自己的行为。

（4）兴趣范围进一步扩大，并具有一定的稳定性，性格特征趋向稳定、成熟，外显与内显类型明显。

（5）动机层次提高，对社会各方面的关心程度增强，有一定的评价能力并逐渐转化为决定自己行为的动机，体现了各自的价值取向。

（6）自我意识进一步增强，要求别人了解、理解和尊重自己。

（7）交友热情高，迫切需要情感力量和参加不同类型的群体活动。

（8）对异性的关注度上升，在公开场合转向文饰、内隐，但又有显示欲，希望引起异性好感。在一定条件下，少数学生出现对异性较为稳定的情感，进而发展到恋爱，如处理不好，影响学习和个性发展。

（9）独立生活能力和社会适应能力较初中增强。

（10）对职业的选择出现较为理性的思考。

总之，高中生身心发展趋于成熟，接触面更广，社会交往更频繁，学习内容比初中生更复杂、更深刻，升学和就业的压力促使他们的社会化进程加速。这种情况对高中生的认知发展提出了更高的要求。这些要求内化为高中生自身的需要，与原有的认知结构形成新的矛盾，成为高中生认知发展的动力。同时，高中生主客观条件的变化也为其认知发展创造了更有利的条件。

（三）“发展滞后生”内涵

“发展滞后生”是指由于某些相近或不同的原因在一定的时段、在某些方面素质发展相对滞后，与培养的合格（基本）目标有较大差距的学生。通过受教与施教双方的共同努力，使滞后群回归到正常（合格）的发展状态，达到培养目标的要求。本课题研究“发展滞后生”在学业、品德、心理、身体等方面存在偏差的心理成因及转化策略。

学业发展滞后是指在认知层面存在问题，没有自主钻研的学习品质，不能做到知识的融会贯通，不能有效地吸收与应用知识。学业滞后生中不少学生没有合作攻坚的品质，把难题放在心中，把困难堆在眼前，长期下去，严重地阻碍了学业的进步，造成学习的无尽烦恼。

品德发展滞后指在情意领域或在“态度、情感、价值观”层面上，冷漠、虚伪、残忍、自我为中心以及唯利是图、不择手段等在一定程度上进入一些学生的心灵。

心理发展滞后是指发生在学习状态较佳学生身上的问题，易为人所忽略。所谓“分数才是硬道理”遮掩了视听，迟钝了警觉。有问题而无视，导致问题缺失或问题处理不及时，造成施教、受教双方盲目产生“自我感觉良好”的状态，所以一些好学生身上暴发的心理危机与不良行为，常使人惊讶，人们不理解其中深刻的原因，这很值得社会、学校、家庭和学生反思。

总之，身心发展的各个领域存在的发展滞后状态都是不正常状态，我们应力戒以成绩单判是非的陈腐观念，真正把注意力放在学生身心全面健康成长上，关注学生人性、人格、人心、智能、理性、身体健康的和谐全面持续发展，从而找准问题与弊端，合力矫正，以求善果。

（四）“发展滞后生”的特点

1. 客观性

由于学生群体素质发展的不均衡性带来的个体差异，发展滞后是一个客观存在的、必须面对的教育问题。

2. 阶段性

由于学生个体素质发展的起伏，在时间标尺上发展速度的快慢不同，学生在各自发展的某个阶段都有可能陷入或长或短的发展滞后状态。

3. 动态性

发展滞后是一种动态的存在，没有人会一直发展滞后，没有人一直不会发展滞后，反映在时段中的变动态势就是教育转化滞后群的重要依据。

为此，当一个学生陷入滞后状态时就必须突围，否则一切教育就无从谈起，同时也不能对非滞后学生放松教育，否则他们也有陷入这种状态的危险。

（五）高中“发展滞后生”的培养目标

确立合理的培养目标要依据一定生理、心理年段学生重要发展方面的合理发展目标体系，并以此来衡量教育教学质量、办学水平和学生发展状况，这样制订的目标才具有导向性并确保衡量的信度。如果设立的发展目标过高，则人为地夸大了滞后群的数量，带给社会、学校、家庭和学生个人难以承受的压力。比如以能否升入清华、北大作为智育目标，99%的学生都“滞后”，这与把跳高杆定在2.40米作为入围选手的标准一样荒唐。同时，也不能把发展目标体系定得太低，这会掩盖诸多问题，人人合格、个个优秀，不符合当前学生的实际状况，反而会弱化我们培养人才的努力。

（六）高中“发展滞后生”的心理原因

高中生正处于生长发育的高峰期，心理发展错综复杂，他们追求成人感、独立性意向、自尊心等心理目标，但当这些心理目标与现实生活中的依赖性出现矛盾时，他们要求权利却不愿尽义务，要求被爱而又不懂得爱别人。他们的自我评价能力往往落后于评价别人的能力，产生“明于知人，黯于知己”“严以责人，宽以律己”的偏向。一些学生难以正确地评价自己，过于自信、自负，在强烈的自我表现欲和虚荣心的驱使下，故意表现得蛮横无理，甚至有意与教育者对抗，行为表现与教育者的意愿往往背道而驰。此外，高中生处在青春萌动期，容易出现早恋问题。这个时期，高中生要经历心理发展的种种困惑、矛盾和挑战，最突出的是对异性的好奇心和神秘感。他们的个性心理发展和认识能力还很不成熟，所以那些“纸条恋爱”“狂热初恋”只不过是朦胧状态下的冲动和盲目的表现。凡是陷入早恋的学生，十有八九精神萎靡不振，形成心理障碍：有的紧张、恐惧、羞涩，有的苦闷、自卑、惆怅、失望、孤独、悔恨、愤怒。

（七）高中学业“发展滞后生”的心理成因分析

1. 学业滞后生的表现与特征

一是课堂上注意力涣散，学习效率低。上课时，学习主动性不够，要么眼睛无神，走神发呆，答非所问，脑子里似乎一片空白；要么东张西望，做小动作，看课外书籍，显出很“另类”的样子；要么害怕参与问题探究，人际关系紧张，常与他人发生纠纷，表面上忙忙碌碌，实际上学习效率低下。二是课后学习精神萎靡，被动应付。课后不及时总结复习，不主动做作业，不能合理安排课外作业。对做错的作业不去认真改正，不与同学合作探究，更谈不上在学业上有所拓展，害怕考试，不参与群体性的活动。三是自我评价降低，缺乏内驱力。认为自己不是学习的料，破罐子破摔；认为自己基础较差，学习欠缺较多，无法振作；认为别人嘲讽自己，对他人的谈笑比较敏感，常常自我比对，偶尔情绪失控。

2. 学业滞后生形成的心理原因

一是学生自身学习上的倦怠性和意志力不够。学习倦怠的学生往往对学业及活动的热情逐渐消失，对同学态度冷漠和疏远，以及成绩未达到预期的结果而对学业呈负面态度的一种现象。学习是需要脑力、心力和体力共同发挥作用的人类高级劳动形式。脑力是讲究科学性的，心力是讲究意志力的，体力是讲究长期性的。高中生的学习倦怠是高考升学带来的较长时间的压力和重复机械的记忆训练削弱了学生对课业学习的兴趣，由此丧失了学习的动力和耐力，最终走向逃避学习的行为。高中生学习倦怠的特征主要有：情绪耗竭、缺乏人性、低成就感。

二是控制学习情绪和学业失误能力不够。学业需要持久而稳定的情绪控制力。高中生的情绪控制力虽然相对稳定，但部分学生有时情绪波动较大。阶段性成绩的起伏与波动是很正常的事，却因为师长的急躁与责怪加剧了学生因成绩的起伏而引起的情绪波动，而这一“波动”一旦成为现象就极大地削弱了学生的情绪控制力，强化教训，造成学生的过度紧张与失控。

三是缺乏主动钻研的学习品质，被动地学习。随着知识难度的加深，容量的加大，学生有些招架不住。这个时候，他总埋怨知识抽象，教师讲解不透，而不去自主钻研，与同学或老师合作攻坚。学习不仅是被动地接收，更重要的是主动迎战，要有主动钻研的学习品质。

（八）高中品德“发展滞后生”的心理成因分析

1. 品德滞后生的表现

品德滞后的学生常以自我为中心。这类学生常常把“我”“我的”挂在嘴上，喜欢炫耀自己的才能、经历，或产生与父母、师长对抗的行为，有的还会在教师面前状告那些胜于自己的同学。不少中学生存在逆反心理，由于辨别是非的能力较差、疑虑心重，往往不能正确对待家长的一片苦心、教师的批评教育。他们怀疑一切、目空一切，对正面宣传做反面思考，对榜样及先进人物无端否定，对不良倾向产生情感认同，对思想教育、遵章守纪要求消极抵抗，对别人加以恶意中伤。他们或把抱怨指向别人，或想方设法攻击对方，或千方百计把跑在前面的人拉下来，以保持其与自己“同步”，或甩在自己的后面。

2. 品德滞后生形成的心理原因

学生心理承受力的降低和长期的压力负荷将学生的积极情绪消耗殆尽，无论是课堂还是课后往往表现为缺乏活力，有一种情绪资源耗尽的感觉，学生在学习时感到紧张、受挫、无望、痛苦，自认为无法专心学习，对学习有着负面的情感体验，有的甚至出现异常情绪或行为，如逃学、抽烟、轻生等，以玩世不恭和不带感情的方式与态度回应周围的人际关系。一些学业严重滞后的学生在父母的斥责和教师的责难下更是难以承受沉重的心理压力，索性我行我素，另类表现，要么玩世不恭；要么置之不理；要么态度粗暴，情绪失控，有时还伴有异常举动和过激言行。有时师长或同学的一句无意的话也可能点燃他们情绪失控的火苗。

（九）高中心理“发展滞后生”的心理成因分析

1. 心理滞后生的表现

心理滞后生具有孤独心理。一些中学生很少和别人交往，常常一个人背着大家独自活动，寡言少语，他们人际关系疏远、淡化，崇尚做“超人”和“怪人”，而他们内心却感到孤独。具有嫉妒心理的学生，一旦在学习或其他方面不顺利时，就会怨天尤人，而不能冷静地自我反思。例如，当自己想入团或当班干部的愿望一时不能达成时，就会抱怨老师偏心；当自己的学习成绩不佳时便会责怪某老师讲课不生动，会散布“某同学的成绩好是死用功的结果”的言论，等等。在极端情况下，有些学生甚至会做出伤人、杀人等攻击性和破坏性行为。

2. 心理滞后生形成的心理原因

进入高中阶段，学业成为首要任务，学业滞后成为心理滞后的主要因素。我们知道，学业滞后生在学业中经常体验到挫败与失望，他们就认为自己的智商有问题，多方的压力让他们产生精神上的紧张、消沉感以及对学习消极的自我体验和评价。如果遇到自己无法克服的学习难题，很自然地加强与他人的合作与交流，这是高中生学习倦怠产生的一个重要因素。

（十）应对品德“发展滞后生”时应避免的误区

一些学生个体或个体之间会在某时某地出现出格、失常行为，在不同程度上违背了学生日常行为规范的情况，这种情况常常会造成一些不良后果甚至是严重后果。教师必须及时、公正、合理地处理这些问题，以达成教育学生的目的。应对品德“发展滞后生”常有以下一些误区：

（1）往往把学生偶发的（其原因并非常情常理所致，也不是经常如此）不良行为认作“恶习”“蓄意”而加重处罚。

（2）把成长中的小差小错放大为品德缺陷或心灵丑恶，并有意无意地采用“算总账”的清算方式。

（3）把不当但可以理解其发生原因的行为问题指责为难以理喻的过错，轻易贴上不可救药的标签。

（4）割裂时间、地点、因果缘由，孤立片面地看待结果，使自己成为一个刚性的机器。

（5）拒绝听取过失学生的申辩解释，不给学生话语权。

总之，高中“发展滞后生”的形成和存在，原因是多方面的。就“发展滞后生”心理成因而言，学业的滞后是导致品德和心理滞后的重要因素。当然，品德和心理的滞后同时也制约着学业的发展，因此，学业、品德、心理三者是相互影响、相互制约的。

二、“发展滞后生”对策研究（以沾化二中学生为研究对象）

（一）“发展滞后生”转化策略总述

能否更好地促进“发展滞后生”的持续发展，直接关系到素质教育能否真正体现面向每一个学生，面向学生的每一个方面；关系到教育改革发展的大局。本课题立足我校实际，对我校的“发展滞后生”通过班级主题班会、问卷调查、心理咨询、师生座谈等形式，并结合我校德育管理方面开展的各项活动进行研究。在工作实施中，我们按照教育规律办事，一手抓研究，一手抓转化，循序渐进，抓反复、反复抓，一定会抓出实效，一定会促进学生的心理健康成长。我们相信，通过对农村普通高中“发展滞后生”心理成因的深入调查分析，提出并实际探索消除这些心理问题的措施、途径、方法等，必将会探索出具有科学性和前瞻性的适应新形势的转化“发展滞后生”心理方面的策略。

通过对农村普通高中“发展滞后生”心理成因的深入调查分析，我们总结了“发展滞后生”的心理成因，并在学业、品德、心理三个方面进行了分析和研究。

我们知道造成发展滞后有种种原因，这些原因对应于具体的学生个体，带有鲜明的个体特征，因而各不相同。即使外观表现相似，也可能存在内在诱因不尽相同或全然不同的情况。比如，学习上智能发展滞后，不是“不刻苦”“不努力”这些简单的词语所能概括的。通过对有关滞后生资料的阅读并稍加分析不难看出，滞后是各因素单独或复合作用的结果。造成学业发展滞后的原因可能是身体健康状况欠佳，承担不了一定质与量的学习任务；学习基础差，已有发展区与任务发展区无接触点；学习心理偏向消极，不投入，不努力，效果差；学业负担过重；自身认知能力的先天性制约（如数理逻辑思维力特别差）。造成品德和心理发展滞后的原因可能是沉迷学业之外的事物，学习上缺乏时间、精力上的保证；交友不慎，相互下滑力的牵引放大了落后的效应；面临不健康的家庭环境，耳濡目染，走向歧途；不和谐的班级人际关系，缺少朋友，缺乏安全感，缺乏集体的认同；无法接受外界的消极性评价或认为受到不公平对待，逆反、自卑；青春期躁动；家庭经济困难；缺乏人生目标与学习动力；暴富群文化层次不高的示范效应；社会环境、媒体、中介的负面影响；等等。大多数情况和大多数因素都要在社会、学校、家庭、学生个人共同合力的作用下才能得到改善，改变滞后状态是一个艰巨的系统工程。

本课题在提出并实际探索消除这些心理问题，促进“发展滞后生”持续发展的措施、途径、方法时，分析了造成学生各自特定的发展滞后的真实原因。不进入学生的内心，就无法医治其心灵的疾患；不洞悉影响学生思维认知过程的各种主要因素，就无法找到提升其思维认知品质的有效方法；不改善造成学生厌学弃学的诸多原因，而要学生成为热爱学习，主动积极发展的不懈追求者，那是一种梦话。为此，课题组分年级在学校管理和班级管理两个层面进行了有益的探索，围绕心理健康教育、学校课堂教学改革、学校团委感恩系列活动、班级主题班会等内容，探索消除这些心理问题的措施、途径、方法等，提出具有科学性和前瞻性的适应新形势的转化“发展滞后生”心理方面的策略。

（二）学校管理层面

1. 加大心理健康教育力度，引领学生健康成长

当今社会，人们已经认识到优秀的人才首先必须具备良好的心理素质。高中生正处于身心发展的重要时期，进入青春期的他们要面对巨大的学习压力，在学习和生活方面，会遇到各种各样的心理困扰或问题。在这个身心发展的关键期，如果不做好及时的沟通和有效的疏导，极容易让学生走入心灵的误区，影响身心健康。为培养学生良好的心理素质，培育其乐观向上的心理品质，促进学生人格的健全发展，我校高度重视学生心理健康教育工作，心理咨询平台逐步规范，为学生调试最健康的心理状态，发掘最大的心理潜能，为学校教学工作提供了良好的心理基础。

（1）接纳尊重，进行专业疏导，帮助学生驱走内心的阴霾

对每一个来访学生，咨询教师都给予他们充分的理解和尊重、信任和关怀，耐心地倾听他们心中的故事，设身处地去感受他们的心情和处境，真诚地与学生交流沟通，运用科学的心理咨询技术启发引导学生，帮助他们从心灵的阴霾中走出来，站在阳光地带；从封闭的狭小空间里走出来，走向广阔的天地；从挫折和失败中站起来，勇敢地承受生活中的风霜雨雪。学生预约咨询很主动，因为新生入学后，心理教师都要为他们进行心理咨询的宣传教育，使他们明白心理健康的重要性，明白寻求心理咨询是聪明人的做法。一个前来咨询的学生说道，见大多数去找心理教师的学生，去的时候愁眉苦脸，一副心事重重的样子，可回来的时候都能轻松快乐起来，所以学生有心理的困惑都愿意找心理教师帮助。

在心理咨询过程中，我们深切地感受到学生对心理咨询工作的需求和认可，也体会到帮助苦闷中的学生走出烦恼的喜悦，咨询过程是来访者成长的过程，同时也是我们成长的过程。

（2）活动训练，开展团体心理辅导，发掘学生自身的心理潜力

为了更快地提高学生的学习兴趣，尽快消除学生的心理困惑，我们利用课外活动时间，积极开展班级团体心理辅导和训练，例如“多元排队”，让高一的学生在活动中尝试开放自己，学会与他人交流，了解别人的情况，正确

认识自我，找准自己的位置。“信任后仰”，让高二的学生学会信任和支持他人，培养团体彼此的信任感，增强班级的凝聚力。“发现你身上的沉香”，让学生在活动中找到自己的优势，体验到“我真的很不错”，激发自信，感受合作的快乐，学会欣赏别人。“目标：与未来的你对话”，为学生以后的生活每天注入一些“正能量”，使学生坚持梦想，永不放弃，勇敢向自己的梦想挺进。“心有千千结”，让学生在活动中悟到：坚持不懈，信任协作，看似繁杂的问题也能最终解决。“能力与自信”中利用催眠技术，使学生很快掌握了渐进式放松训练的方法，结合催眠音频学会调节自己平时学习中的烦恼和焦虑，从而建立自信，发挥出自己的能力。学校还设想以后为教师做一些心理辅导和训练，使教师了解到平时的焦虑、压力的来源，缓解教师的负面情绪，调节自己的心态，摸透学生的心理，发掘学生的潜力，让教育教学更有成效。

（3）对症下药，举办心理讲座，提高心理辅导的效率

我校针对高中学生普遍存在的阶段性心理困惑，举办了受学生欢迎的心理讲座。根据每一年段的学生都比较容易出现的一些突出的心理问题，深入而全面地对学生进行教育，举办了一系列纵向连接、横向配套的年段心理教育讲座。例如，针对高一学生适应不良的现状，举办了“加强适应，纳悦自我”的心理讲座；针对高二学生容易出现情感问题的现状，举办了“如何与异性正确交往”的心理讲座；针对高三学生面对的巨大的升学压力，举办了“如何提高学习效率”“怎样缓解学习压力”的心理讲座；等等。这些讲座针对性强，又有趣味性和实效性，很受学生的欢迎，同时大面积地辅导学生，也提高了心理辅导的效率。

此外，心理咨询室还安排了面向全校班主任、学生家长的心理健康知识讲座，讲座的内容不同，各自具有一定的针对性，以便于班主任、家长及时了解学生的状况，并能用积极有效的方式引导学生，从而使学生健康快乐地成长。

2. 推行“三段五步目标教学法”，提高课堂教学效率

我校推行课时集备、“三段五环节”教学模式已有两年多的时间，按学校计划进入走出模式、形成特色的第三个年头，但我们的课堂教学仍存在着教学目标不准确、不具体，教学活动组织松散、达标度低的现象。为深入贯彻落实国家和省教育规划纲要、《滨州市中小学教学创新行动意见》、《沾化县深化中小学课堂教学改革和教学管理机制创新“三年规划”》的精神，实施我校

“科研兴校”战略，推动高效课堂、特色课堂建设，进一步提高课堂效率，经学校研究决定，借鉴“三段五环节”教学模式的实施经验，在全校推行“三段五步目标教学法”。这不仅有利于拓宽学生的知识面，培养学生的能力，更有利于提高学生的心理素质。其中选修课、活动课的设置，可提高学生的学习兴趣，因为这种学习是在比较放松的环境中吸纳知识与技艺，不会有过重的负担。

3. 以感恩教育促进我校“发展滞后生”的转化

“感恩践行，立德树人”是学校特色办学的方向目标，是学校人文精神的高度凝练，也是学校教育的责任和使命。我们扎根活动，树立典型，建立健康价值取向，促进学校长远发展。

（1）感恩教育课程化

以感恩文化为引领，探索加强未成年人思想道德建设的途径与载体，开发课程资源，系统总结我校开展感恩教育的实践经验，编辑出版校本教材《感恩立德》。校本教材的课程化使德育课堂有章可循、有法可依，优秀师生文章的刊登使教材更加亲切感人，活动设计的可操作性更使师生乐在其中。

（2）感恩教育序列化

结合每月的特点，一月一个主题，合理有序地开展丰富多彩的感恩教育活动。学生入学的第一学期，利用9月教师节，以“尊师好学”为主题，开展感恩教师教育活动；10月国庆节期间，以“报效祖国”为主题，开展感恩祖国教育活动；11月，以“我为家乡做贡献”为主题，开展感恩家乡教育活动；12月及元旦前后，以“立志成才”为主题，开展感恩母校教育活动。在第二个学期，3月“学雷锋”期间，以“学雷锋，树新风”为主题，开展感恩社会教育活动；4月爱国卫生月期间，以“团结拼搏”为主题，开展感恩同学教育活动；5月母亲节期间，以“孝亲仁义”为主题，开展感恩父母教育活动；6月世界环境日之际，以“爱护环境”为主题，开展感恩自然教育活动。

感恩活动的开展根植于社会环境的土壤，与社会媒介的倡导宣传齐头并进、相辅相成、形成合力，共同促进学生体验感悟，培养学生正确的世界观、人生观、价值观。

（3）感恩教育制度化

根据每月的感恩活动主题，团委、各级部制订出活动计划，经学校研究审核，确定活动月具体可行的方案并予以实施。

学校团委出台感恩活动考评细则，每月由班级、级部、学校层层推评校园“感恩之星”，并评选出感恩教育先进班集体，纳入班级量化考核，年终学校评选“感动校园十大人物”，并颁发“感恩杯”，把感恩教育活动落到实处。对每位学生的评价不单纯看成绩，凡是在每一个主题教育实践活动中表现优异的学生都有机会获得表扬。截至2013年年底，仅获得“感恩之星”称号的学生就达1050人次，一些学业、品德、心理发展滞后的学生，变得积极乐观，奋发拼搏，学习主动性增强。全校掀起了感恩践行的热潮，凸显了我校“感恩”特色教育品牌。

感恩教育活动的开展落实，以实际行动教育、熏陶、感染和激励师生，不仅丰厚了全体师生的感恩情怀，涵养了师生的品德情操，使师生树立了正确的人生价值取向和长远的追求目标，更凝聚了师生“感恩奋进”的正能量，成为学生励志成才、努力学习，教师爱生敬业、追求卓越，学校拼搏进取、和谐发展的巨大推力。

以感恩为魂，不断完善学生管理制度和教师管理制度，规范师生教学行为；以感恩为意，不断完善学校的环境文化建设；以感恩为题，系统开展感恩教育系列活动，彰显学校的办学理念，打造优良育人环境，让学校的感恩特色精神文化内化为学校的竞争力、教师的向心力、学生的不竭动力，内化为学校的品格力量，给学校发展注入强劲不竭的力量。

（三）班级管理层面

1. 开展系列感恩活动和主题班会，关心、尊重“发展滞后生”

由于“发展滞后生”意志相对薄弱，自我控制和自我管理能力较差，对存在问题的克服和矫正需要时间和过程，因此对他们必须严格要求，但要严而有度，让他们感到和蔼可亲，切不可总是冷若冰霜，讽刺挖苦，流露出厌恶感。严格落实学校安排的各项活动，通过班级开展系列感恩活动和主题班会，给予在学业、品德、心理等方面滞后的学生发展平台，让他们感受到教师的爱。同时要认真分析了解“发展滞后生”的特长爱好，根据其爱好组织一些兴趣小组，如篮球组、足球组、乒乓球组、书法组、绘画组、文学社等，让他们的特长得到展示，从而进一步培养他们的自信心和学习兴趣，并消除他们的对立情绪，使他们乐于接近老师并接受教育，主动参与班集体活动，与班集体荣辱与共。教师只有真心爱护他们，走近他们，耐心帮助他们，发现他们有点滴的进步及时加以肯定、表扬和鼓励，才能使他们亲其师，信其道，乐其学。

通过召开主题班会，培养学生的人际交往能力，促进班集体关系的和谐、融洽发展。例如，在学生中广泛开展“打开心灵窗户说悄悄话”的活动。因为同龄人通过互相倾诉、互相沟通、共同分忧，极易达到心理疏通的目的。对于成长中的高中生来说，人际交往和沟通具有强大的吸引力，引导学生广泛接触社会、结交朋友，使学生在日常交往群体中建立相互理解、信任、关心的人际关系，在交往中取得进步，克服紧张、恐惧、自卑、孤独、偏见、敌意、猜疑、嫉妒等不良心理倾向。

2. 推行目标教学，培养“发展滞后生”的兴趣，使其树立自信心

发展滞后生的学习兴趣一般都不高，因此在培养和激发他们的学习兴趣、树立自信方面显得尤为重要。我校推行目标导学教学模式，实行小组合作学习方式，对学习困难的学生适当降低要求，实行分层教学，在备课时考虑为“发展滞后生”设计几个问题，上课时让他们参与其中，作业也应区别对待，让“发展滞后生”体验成功的快乐，享受“高分”的喜悦。为此，作为教师要树立正确的教学观、学生观，尊重学生的人格，要热爱学生，做学生的知心朋友。

3. 通过心理健康教育，耐心引导，促其转化

由于“发展滞后生”身上具有较多的消极因素，他们的进步容易出现反复。要细致地观察他们的行为，及时查找问题的原因，分析其心理，对心理问题严重者，建议找专业心理咨询教师解决。在学生出现反复时，不要轻易发火，要有耐心，真诚对待学生的过错，努力分析原因，改变方法，抓反复，反复抓，给他们自省、自我纠正的机会，让学生在不断反省中逐步认识自己的错误，从而达到自己管理自己的目的。对于班内出现的共性心理问题，可邀请心理咨询教师做专业辅导。为此，教师有自觉调适自身心理状态的任务。教师要树立崇高的职业道德，对自己所培养的“精神产品”高度负责，不以自己的情感因素横加干涉教育行为，因为教师一句不经意的话都会使学生的心灵遭受极大的痛苦。

4. 多措并举，家、校、社会配合做好转化工作

“发展滞后生”的转化离不开家长的配合。通过家委会，共同协商处理。面对问题较大的学生，如在校外打架、偷东西，应经常借助社会的力量，特别是派出所等执法机关，邀请法制副校长到校做专题报告，让学生知法、懂法、守法。家校联手开展心理辅导，学校应利用家长会这个渠道做些宣传，让家长也对心理辅导有所了解，并协助学校开展工作。家校联手形成合力，便会使心理健康教育取得更好的效果。要动用社会力量清理校园周边环境，让不健康网络远离学生，让不法社会青年远离学校，给学生创造一个良好的学习环境。

5. 用适当的惩罚促进转化工作

我们在提倡表扬、奖励、鼓励的同时，不应忽视“惩罚”在教育中的积极作用，要让学生在成长的过程中懂得为自己的过失负责，而且感到是一种责任。正面教育和惩罚教育相结合，对学生的健康成长是有帮助的，而且效果明显。惩罚教育是在关爱的前提下对学生的不良行为进行纠正的强制措施。没有惩罚的教育是不完整的教育。

（2015年7月经山东省教研室鉴定结题并荣获滨州市优秀教研成果二等奖）

农村普通高中英语“目标导学，当堂达标”教学模式构建研究

“农村普通高中英语‘目标导学，当堂达标’教学模式构建研究”于2015年12月被批准为山东省教育科学“十二五”规划课题。课题组撰写了《研究总报告》，主要分研究问题、研究背景与文献综述、研究程序、研究成果、存在问题和参考文献。“农村普通高中英语‘目标导学，当堂达标’教学模式构建研究”的基本目的是改变农村普通高中英语教学中缺乏目标和当堂达标意识之现状。研究步骤为：完善调查研究，在实践层面探索农村普通高中英语课程各分领域（含词汇教学、听力教学、语法教学、阅读教学、写作教学）“目标导学，当堂达标”的基本途径，构建农村普通高中英语“目标导学，当堂达标”教学模式。研究成果反映在调查分析、实践探索两个方面。其中实践探索方面为：在农村普通高中英语课程各分领域（含词汇教学、听力教学、语法教学、阅读教学、写作教学）融入目标教学思想，以实现当堂达标，从而拓宽高中英语课程改革的路径。

本课题的核心概念：基于农村地区现实的高中英语教学缺乏目标意识，未能很好地实现课程规定的教学要求，农村普通高中学生学业发展明显落后于课标要求的现状，将“目标导学和当堂达标”思想融入农村普通高中英语课程各分领域（含词汇教学、听力教学、语法教学、阅读教学、写作教学），初步构建起农村普通高中英语“目标导学，当堂达标”教学模式，以目标思想为引领，运用小组合作探究方式，实现当堂达标。

通过对“农村普通高中英语‘目标导学，当堂达标’教学模式构建研究”课题的研究，给我校师生带来了积极影响，促进了我校英语教学质量的提高。

一、五个课程分领域“目标导学，当堂达标”教学模式的构建

基于调查分析和文献研究及教学经验，课题组解决这些问题的基本思路是：实践并反思高中英语词汇教学、听力教学、阅读教学、语法教学、写作教学等课型教学中当堂达标的模式。

（一）“目标导学，当堂达标”词汇教学模式的构建

课题组通过前期问卷调查、课堂观察等方法，发现农村普通高中英语词汇教学缺少目标引领，从而使词汇教学效率低下，学生失去学习兴趣。

基于高中英语词汇教学存在的以上问题，课题组对词汇教学进行了以下研究。

1. 研究高中英语词汇教学的目标

课题组成员首先认真研读了《普通高中英语课程标准》（以下简称《课标》），明确了高中英语词汇的教学目标。《课标》将词汇教学目标划分为七级、八级和九级目标。其中，七级目标是基本目标，其基本内容是：理解话语中词汇表达的不同功能、意图和态度等；运用词汇给事物命名，进行指称、描述行为和特征、说明概念等；学会运用2400～2500个单词和300～400个习惯用语或固定搭配；了解英语单词的词义变化和日常生活中出现的新词汇。八级和九级目标是对七级目标的进一步深化和提高，在七级目标的基础上增加了单词和固定搭配使用的数量，对学生运用词汇进行交际的能力提出了要求，具体为“能根据交际话题、场合和人际关系等相关因素选择较为适当的词语进行交流或表达”。

2. 提出基于“目标导学，当堂达标”教学模式下的高中英语词汇教学模式

课题组通过研究文献资料，进一步研究目标教学法，认为构建“目标导学，当堂达标”教学模式必须以目标教学模式为核心，也就是说教学目标是目标教学模式的核心和主线，是整个课堂设计的依据，是衡量课堂教学效果的重要指标。因此，在“目标导学，当堂达标”模式下开展词汇教学，教师必须以高中英语词汇教学目标为导向，教学过程中通过围绕词汇教学目标开展一系列的教学活动，如单词接龙、谜语猜词、字母拼词，以此达到激发学生学习兴趣与主观能动性，激励学生努力实现教学目标的目的。

课题组确立了以词汇教学模式的构建作为整个高中英语教学模式构建的突破口，通过听评课，查找问题，明确研究思路，并不断地完善提高。课题

组成员范存磊老师具体负责词汇教学模式的构建，其他成员和范老师共同商讨词汇教学目标的制订及导学案的命制，课题组多次深入范老师的课堂，共同探讨该教学模式。课题组发现，想要学生实现“当堂达标”，教师必须设计新颖且能够激发学生兴趣的学习任务来检验学生是否能够完成教学目标，同时验证教师课堂教学效果，使教师不断调整教学思路和教学策略。同时看到“目标导学，当堂达标”模式下的词汇教学不仅可以使枯燥乏味的词汇教学变得生动有趣，从而真正发挥学生的主体性，唤起他们学习的兴趣和积极性，同时也促进了教师的专业化发展。

3. 提出“目标导学，当堂达标”教学模式下的高中英语词汇教学的基本原则

课题组通过深入研读有关理论及《课标》，深入课堂听评课，深刻反思，对“目标导学，当堂达标”教学模式下的高中英语词汇教学达成一些共识并确立了其基本原则。“目标导学，当堂达标”模式下的高中英语词汇教学是在“掌握学习”理论的基础上发展起来的，强调以词汇教学目标为核心和基础，面向全体学生，提高学生的学习兴趣和积极性。但是在实施该教学模式的过程中，需要注意遵循如下五个原则。

（1）目标中心原则

词汇目标教学模式倡导以词汇教学目标作为教学的出发点和归宿，因此整个词汇的课堂教学必须紧紧围绕所设计的词汇教学目标展开，同时需要通过一系列活动来促进教学目标的实现，但是需要注意的是，对于完不成的词汇教学目标要及时补救，实现课堂目标。同时“当堂达标”是该教学模式必须遵循的原则，也是检验该堂课是否成功的关键和标准。

（2）“教为主导，学为主体，训练为主线”的教学原则

《课标》指出，词汇教学过程必须是师生共同参与的过程，是实现“教师主导，学生主体”教学理念的过程，也是实现词汇教学目标的过程。另外，“训练为主线”也是该教学模式的重要原则，但是教师必须选择一些能够调动学生词汇学习积极性和兴趣的训练活动，以此实现“当堂达标”的教学要求。

（3）理论联系实际原则

理论联系实际原则要求教师通过展示、精讲、评价等环节，使学生把所学的词汇知识与客观实际相结合，最终实现词汇教学目标。比如在教授“express”这一个单词时，可以通过展示日常生活中“营养快线（Nutrition

Express）”“申通快递（express）”等常见例子进行词汇的学习，这样不仅能够使学生快速掌握该单词，同时也能够有效地激发学生学习的积极性和主动性。

（4）优化原则

优化原则指的是：“从上课开始到结束，从教师的教到学生的学，教学过程的各个环节应该合理搭配，体现出和谐、自然和优化的原则。”教师在整个词汇教学过程中，必须要做到不断优化教学方法、教学过程、教学策略以及教学资源的使用，从而使学生达到“知”“情”“意”“行”的有机统一，使学生真正喜欢上词汇，运用词汇进行交际，实现《课标》的相关要求。

（5）当堂达标与信息反馈原则

当堂达标要求教师必须进行信息反馈，对残缺知识进行有效的矫正和补救。这也是防止知识缺陷积少成多，实现当堂达标的重要手段，体现了教学过程中交往和互动的积极性和有效性。教师可以通过学生谈话、作业批改、情感周记等形式获得学生的信息反馈，从而进一地促进词汇课堂教学的改进和发展。

课题组认为“目标导学，当堂达标”模式下的高中英语词汇教学，是以词汇教学目标为核心和主线实施课堂教学的方法，它作为一种新的教学方法和教学模式对教学理论和教学实践尤其是教学方法产生了重要的影响。我们发现，在实际的课堂教学过程中，使用“目标导学，当堂达标”教学模式不仅可以有效提高学生记忆词汇的效率，也能够真正提高学生词汇学习的兴趣和积极性。同时该教学模式也存在较多的问题，如需要学生长期训练和词汇知识的积累，同时对于不同层次的学生需要有不同的策略和方法。我们也相信随着课题组对该教学模式的进一步探究，它会不断走向成熟，真正促进高中英语词汇教学有序发展。

（二）“目标导学，当堂达标”听力教学模式的构建

课题组通过问卷调查、课堂观察等研究方法，发现农村普通高中听力教学现状不容乐观，教师听力教学目标意识淡薄。

基于高中英语听力教学存在的以上问题，课题组对听力教学进行了以下研究。

1. 研究高中英语听力教学的目标

按照词汇教学的基本思路，课题组认真研读《课标》，发现《课标》从课程目标和内容标准方面都对高中学生的英语听力教学进行了明确要求。在语言技能八级目标中指出：

（1）能识别不同语气所表达的不同情感。

（2）能听懂有关熟悉话题的讨论和谈话并记住要点。

（3）能抓住一般语段的观点。

（4）能基本听懂广播或电视英语新闻的主题或大意。

（5）能听懂委婉的建议或劝告等。

听力技能的教学目的：培养听的策略，培养语感，特别强调培养在听的过程中获取和处理信息的能力。

我们认为，以上《课标》的语言技能目标就是听力教学导学案目标制订的主要依据，同时还要结合高中阶段教科书和具体学情（不同的学生智力类型、不同的学生基础、不同的学生爱好等），制订可执行的有效的听力教学目标，从而能够在高中阶段英语听力教学中，实现以下基本技能目标：

（1）能够排除口音、背景音等因素的干扰。

（2）能够抓住关键词。

（3）能够听懂并执行指示语。

（4）能够听懂大意和理解主题。

（5）能够确定事物的发展顺序或逻辑关系。

（6）能够预测下文内容。

（7）能够理解说话人的意图和态度。

（8）能够评价所听内容。

（9）能够判断语段的深层含义。

2.“目标导学，当堂达标”高中英语听力教学模式的具体应用流程

课题组按照该教学模式的基本流程，即目标呈现，学标质疑—自主探究，合作交流—小组展示，点拨矫正—归纳总结，提升拓展—测标反馈，当堂达标和听力教学的实际特点，通过课题组全体成员反复研讨，在2016年9月份连续上了8节听力课，每次听完课之后，及时进行评课，不断修改导学案和教学设计，进一步理清听力教学的基本思路。

3.“目标导学，当堂达标”教学模式对听力教学的影响

为了研究“目标导学，当堂达标”教学模式对听力教学的影响，课题组运用SPSS软件对研究班和对照班学生听力部分的成绩进行了检测，检测结果如下：

前后测研究班和对照班英语听力成绩独立样本*T*检验

内容	前测		后测	
	对照班	研究班	对照班	研究班
人数	60	60	60	60
平均分	11.50	11.80	12.50	13.80
标准差	4.30	4.58	3.05	2.85
最大值	22.5	21	24	27
最小值	4.5	6	4.5	4.5
T	0.795		−3.362	
P	0.428		0.001	

英语听力成绩独立样本数据表明：对照班和研究班的听力测试成绩前测时的显著性*P*值为0.428，其数值大于0.05，这表明两个班级在英语听力水平方面没有明显的差异。然而后测*T*检验数据表明，对照班和研究班的平均分分别为12.50和13.80，研究班的平均分明显高于对照班，同时其显著性差异*P*=0.001，其数值小于0.05，这进一步证实了基于“目标导学，当堂达标”教学模式下的听力教学比传统的听力教学具有较大的优势，利于普通农村高中听力教学的实施。

4. 采用“目标导学，当堂达标”听力教学模式应注意的事项

在对“目标导学，当堂达标”模式下的高中英语听力教学模式构建的过程中，课题组成员不断反思，在实践中对听力教学模式进行完善，形成以下注意事项。

（1）“目标导学，当堂达标”听力教学模式原则

在听力材料的选择上不盲目追求听力的难度和深度。听力的提高是一个循序渐进的过程，阶梯式的进步更能让学生产生成就感。在听力的初级阶段可以尝试利用教材中学生熟悉的课文段落，然后从简短对话到较长对话再到独白，长期坚持，对学生的听力提高很有帮助。

（2）学会必要的锻炼听力的技巧

培养学生的英语听力能力，必须注重对学生英语听力信心的培养，信心是影响听力心理的一个主要因素，同时要让学生学会对听力材料进行细节处理，培养预测试题的能力、听后的推断能力。持之以恒，反复训练，使学生形成自己锻炼听力的独特思维和方法。

（3）听力教学和口语、阅读、写作教学有机结合

坚持以说促听，听说结合；以读带听，听读结合；以听助写，听写结合。这种合理的、科学的教学有助于听力的提高。

总之，“目标导学，当堂达标”模式下的高中英语听力教学是以听力教学目标为核心和主线实施课堂教学的方法。在高中英语听力课上，教师应当以英语听力教学目标为导向，在整个教学过程中围绕英语听力教学目标展开一系列教学活动。高中英语听力课应以培养学生的听力能力为最终目标，通过“目标导学”使听力教学的目标进一步明确；“当堂达标”使听力教学回归目标，能够极大地提高课堂效率，提高听力教学效率。

（三）“目标导学，当堂达标”语法教学模式的构建

课题组通过问卷调查、课堂观察等研究方法发现，农村普通高中的语法教学没有明确的教学目标，教师教学方法单一，讲解条理不够清晰；学生缺乏自主探究和交流的机会，一味死记硬背，语法知识的学习脱离了具体的语境。

基于高中英语语法教学存在的以上问题，课题组对语法教学进行了以下研究。

1. 研究高中英语语法教学的目标

课题组认真研读《课标》，把《课标》作为导学案目标制订的主要依据，同时结合高中阶段的教科书和具体学情（不同的学生智力类型、不同的学生基础、不同的学生爱好），制订有效可执行的语法教学目标。在《课标》中，对高中英语语法教学分为七级、八级和九级目标。其中七级目标的具体要求为：掌握时间、地点和方位的常用表达方式；理解并掌握比较人、物体及事物常用的表达方式；使用适当的语言形式描述事物，简单地表达观点、态度或情感等；掌握语篇中基本的衔接和连贯手段，并根据特定目的有效地组织信息。而八级、九级目标是对七级目标的深化，进一步提出更高要求，要求学习并掌握常见语篇形式的基本篇章结构和逻辑关系；逐步接触和了解较为复杂的语言现象，对较为复杂的语言现象具有一定的归纳分析和解释的能力。

因此，我们认为高中阶段的英语语法教学，必须从语言运用的角度出发，把语言的形式意义和用法有机地结合起来，引导学生在语境中了解和掌握语法的表意功能。

2. “目标导学，当堂达标”语法教学模式的基本思路

按照语法教学的实际特点，课题组在2016年10月份连续上了7节语法课，

每次听完课之后，及时进行评课，不断修改导学案和教学设计，进一步理清语法教学的基本思路。

3.“目标导学，当堂达标”教学模式对语法教学的影响

课题组运用SPSS软件对研究班和对照班学生语法填空题的得分情况进行了分析，检测结果如下：

前后测研究班和对照班语法填空成绩独立样本*T*检验

内容	前测		后测	
	对照班	研究班	对照班	研究班
人数	60	60	60	60
平均分	7.50	7.50	7.90	8.05
标准差	5.25	5.80	4.45	4.82
最大值	10.5	10.5	10.5	13.5
最小值	1.5	3	3	4.5
T	0.551		3.228	
P	0.832		0.032	

研究前两个班级在语法填空题得分独立样本*T*检验中，显著性差异*P*值大于0.05，证明其在综合运用语法填空题的能力上没有明显的差异。然而后测成绩数据显示，研究班和对照班学生综合测试语法填空成绩独立样本显著性差异*P*值为0.032，小于0.05，这表明研究班处理语法填空题的能力高于对照班，语法填空题可以明显地反映出学生运用所学语法知识填空的能力。

通过上述相关数据分析，我们认为“目标导学，当堂达标”对于有效开展语法教学具有重要的指导作用。该教学模式的运用，一方面能够激发学生学习英语的兴趣和积极性，充分发挥学生在课堂上的主体作用；另一方面有利于推进农村高中英语教学改革，切实提高英语课堂的时效性。

4.采用“目标导学，当堂达标”语法教学模式应注意的事项

（1）课时语法知识的设计要有层次性

教师应本着由易到难的原则，将知识分化，让学生融会贯通。一个语法项目有很多内容，很多条规定和例外，不能一股脑都端给学生，也不能看见什么就讲什么。讲语法不但要注意条理，还要注意层次，每一层的教学都要达到一个预定的目标，教师要了解每一个层次教学中学生的掌握情况，设计补救的办法。层次和程序的设计是使绝大多数学生接受的关键。

（2）语法知识的讲解要注重反复性

对讲完的语法点，一定要求学生根据导学案及时巩固复习，强化记忆，进一步理解掌握。

（3）目标导学案的设计要注意学生的差异性

作为教师要采用不同的传授方法和指导方法，充分考虑学生的差异性。目标导学案的设计难易要适当，要使每个学生在课堂上都学有所得，培养学生的自信心，让不同层次的学生体验成功。

（4）语法课堂的评价要体现在学生的主体性上

语法知识的讲解，要关注每位学生，掌握对学生纠错的技巧，不要中止、打断或是过早评判学生是否具有回答某个问题的能力；注重对学生的评价，通过自主、合作、探究等形式，使学生体验学习英语语法的乐趣。

总之，“目标导学，当堂达标”模式下的高中英语语法教学是以语法教学目标为核心和主线实施课堂教学的方法。在高中英语语法课上，教师应当以英语语法教学目标为导向，在整个教学过程中围绕英语语法教学目标展开一系列教学活动。高中英语语法课应以培养学生的综合能力为最终目标。因此，教师要树立正确的教学观念，不断更新教学手段，让学生在形象、生动的语言情境中探索语法规律，运用语法规则，内化语法知识，最后能得体地综合运用语言，为今后实际运用英语进行交流打下基础。唯有这样，语法课的有效性才能得以真正实现，学生才能够提高语言的实际运用能力，达到教学的最终目的。

（四）“目标导学，当堂达标”阅读教学模式的构建

由于普通农村高中客观条件的局限性，学校阅读教学条件相对滞后，教师教学思想相对落后并且学生的英语阅读能力参差不齐，这些因素都严重制约了普通农村高中英语阅读教学的进步和改善。

基于高中英语阅读教学存在的以上问题，课题组对阅读教学进行了以下研究。

1. 研究高中英语阅读教学的目标

英语阅读应当注重培养学生的独立阅读能力，明确阅读目标，突出情感体验、语言知识积累，最终形成良好的语感。导学案目标的制订主要依据《课标》，并结合教材和具体学情。在《课标》中，对高中英语阅读教学分为七级、八级和九级目标。七级目标的具体要求为：能从一般性文章中获取和处理

主要信息；能理解文章主旨和作者意图；能通过上下文克服生词困难，理解语篇意义；能通过文章中的线索进行推理，及可以通过网络、报纸、杂志等获取信息等，课外阅读量累计达到23万词以上。而八级、九级目标要求学生能识别不同文体的特征，能分析句子结构来理解难句、长句，理解阅读材料中不同的观点和态度，并能更进一步欣赏一般英文原著、报纸、杂志等，通过情境及上下文来猜测不熟悉的语言现象从而获取主要信息。

2.“目标导学，当堂达标”阅读教学模式的基本思路

结合阅读教学的实际特点，在2016年11月份课题组成员连续上了10节阅读课，并及时进行评课，进一步理清阅读教学的基本思路。

3.“目标导学，当堂达标”教学模式对阅读教学的影响

阅读教学是高中英语教学的重要模块，而为了研究“目标导学，当堂达标”教学模式对阅读教学的影响和作用，我们在研究结束后又运用SPSS软件对研究班和对照班学生英语阅读部分的成绩进行了检测，结果如下：

前后测研究班和对照班阅读成绩独立样本*T*检验

内容	前测		后测	
	对照班	研究班	对照班	研究班
人数	60	60	60	60
平均分	18.50	19.55	18.90	22.50
标准差	5.59	6.65	5.60	5.47
最大值	32	34	34	36
最小值	4	4	6	4
T	0.325		–3.054	
P	0.403		0.003	

从前测成绩数据可以看出，两个班级在平均分、标准差最大值以及最小值方面没有明显的差异，同时*P*值大于0.05，这表明两个班级在英语阅读能力方面基本相当，没有明显的差异。但是从后测数据可以看出，研究班平均分高出对照班3.60分，最高分出现在研究班；其显著性差异*P*值为0.003，小于0.05。这表明“目标导学，当堂达标”教学模式下的阅读教学具有一定的成效，它对于提高学生的阅读水平和能力具有较大的帮助。

4.采用“目标导学，当堂达标”英语阅读教学应注意的事项

（1）在教学目标表述上要明确、具体，使之呈现外出显性和可见性，让教师明确教什么、怎样教，让学生清楚学什么、怎样学。教学目标的表达方式可以采用教学内容（知识点、能力培养点、智能开发点等）加上可以观察的行为动词进行表述的方式，这样的教学目标就具有了可操作性。具体可表述为："能回答……""能运用……"和"比较熟练地解决……"等形式。

（2）在学案制定上，要针对每个学生阅读能力和理解能力的差异，开展分层教学。教师要仔细观察学生的阅读速度、方法和感知能力，做到心中有数。同时，要对教学目标分层，分成基础性、提高性和发展性三个层次，在教学中具体开展。例如，授课时，可以将授课难度进行梯度设置，预留的练习作业也要区分，针对不同学生的不同薄弱点进行强化练习，让学生补齐短板，全面提升学习能力。

（3）在教学评价时，可采用自评、互评、教师评定等多种手段，对学生的阅读能力、知识的运用、课堂表现和达标完成情况，在适当的时间进行合理的评价，让学生体会到成功的喜悦，进而激发他们的学习兴趣，进一步提高学生的自主学习能力，全面清除学生的词汇、语法和语篇障碍。

总之，我们在探究的过程中，进一步对"目标导学，当堂达标"教学模式达成共识，认为它是一种引导学生主动学习、主动探究的新的尝试。其在英语阅读课的实践运用，可以使阅读教学得到优化，提高课堂教学效果，解决学生在阅读方面一直以来的为难情绪，以及缺乏习惯和技巧等问题，促使学生真正参与课堂，使其阅读策略及阅读能力得到提高。通过实施"目标导学，当堂达标"教学模式，让学习目标真正成为学生学习的向导，让学生学习能力在"目标导学，当堂达标"的诸个环节中慢慢提升，感受一步步接近目标的快乐。

（五）"目标导学，当堂达标"写作教学模式的构建

课题组通过问卷调查、课堂观察等研究方法发现，近几年来，针对"哑巴"英语的问题，英语听说能力受到了关注，阅读能力也得到了重视，然而，相比之下人们对写的研究就显得不足，存在目标不明确、写作缺乏系统性、学生自主性体现不充分等问题。

基于高中英语写作教学存在的以上问题，课题组对写作教学进行了以下研究。

1. 研究高中英语写作教学的目标

课题组在前期调查的基础上，认为传统的写作教学目标不清，当堂达标意识缺乏。为此，课题组认真研读《课标》，明确了高中英语写作是高中学生必须掌握的一项英语技能。从课程目标和内容标准两方面都对高中学生的英语写作进行了明确的要求。

《课标》指出：书面表达能力除了在终结性考试中可以用来对学生进行考查和评价外，在平时教学中，教师也应采用多种形式考查学生的写作能力。写作体裁和题材多样，如日记或信件、说明文、报告、贺卡、电子邮件、叙事文、小故事、提纲、配图说明、小论文、小诗、配图故事等。写作能力评价标准严格，为使学生养成良好的写作习惯，学生应该了解写作能力的评价标准。对写作能力的评价可以从单词拼写与标点符号的使用、语法运用的恰当程度、写作的内容、写作态度、表达的逻辑性和创造性等方面进行评价，可以作为学生自评、同伴互评和教师评价的参考依据。评价应尽量采用描述性语言，以鼓励为主并指出问题。

2.“目标导学，当堂达标”写作教学中的基本思路

结合写作教学的实际特点，在2016年5月份课题组教师连续上了10节写作课，进一步理清了写作教学的基本思路。

3.“目标导学，当堂达标”教学模式对写作教学的影响

课题组运用SPSS软件对研究班和对照班学生的写作成绩进行了检验和分析，以期为农村高中英语写作教学提供高效的思路和方法。

前后测研究班和对照班英语写作成绩独立样本*T*检验

内容	前测		后测	
	对照班	研究班	对照班	研究班
人数	60	60	60	60
平均分	12.50	13.25	13.55	16.25
标准差	4.34	6.65	5.50	4.82
最大值	20	20	21	23
最小值	5	3	6	8
T	0.832		3.002	
P	0.782		0.015	

从前测数据可以看出，对照班和研究班的写作平均成绩分别为12.50和13.25，仅仅相差0.75，标准差分别为4.34和6.65，且两个班级的最大值均为20分。同时其显著性差异*P*值为0.782，大于0.05，这表明研究班和对照班的写作

能力几乎处于同样的水平。在研究班中运用写作教学“目标导学，当堂达标”教学模式，而对照班采用传统写作教学模式，其成效的差异可以通过后测数据T检验看出，研究班和对照班在写作方面有了较大的差异，平均分分别为16.25和13.55，相差2.7分，最大值出现在研究班，最小值出现在对照班，显著性差异P=0.015，小于0.05。以上数据表明，“目标导学，当堂达标”教学模式对于提高学生的英语写作能力具有较好的效果。

4. 采用“目标导学，当堂达标”英语教学模式注意事项

（1）写作课的训练要循序渐进

首先，学生必须掌握一定的核心词汇。平时注意写作例文中的核心词汇的积累。其次，当学生有了一定的词汇积累之后，一定要熟记简单句的五种基本结构，让学生增强结构意识，避免汉式英语。适当加强单句翻译练习。最后再适当运用三大从句和非谓语动词的重点语法结构，使之成为写作中的亮点和提分点。

（2）写作课的批改与讲评要注重学生的主体地位

在作文批改上，课题组一般采取以下两种方案。第一，在话题较为复杂的写作中，经过小组互相批改之后，再进行二次全批全改。每个学生的作文，课题组都认真批改，把比较典型集中的错误在下次写作之前，以板书的形式重点讲解，然后让学生对照范文，从格式、内容要点、语法修辞和习惯搭配上进行比较，进行二次写作。第二，在话题新颖、句式简单的写作中，课题组采用当堂同桌、小组互改的方式。若有疑问，可当场询问老师。如果得到老师的肯定回答，学生的脸上自然就会流露出难以言表的成就感。每次写作讲评课，必须让学生牢记写作的基本句式和固定模板。学生写作中共性的错误要以单句改错的形式多加练习，小组互评之后，学生要根据范文进行二次写作。范文中的经典句型要记熟，会用。

（3）目标导学案的设计要有层次性，注意学生的差异

写作课导学案按照由易到难的思路设计，切忌一开始就让学生进入高考模式训练。要从基本的遣词造句、句式翻译、过渡词的操练、模板的使用等多个角度让所有学生都有收获，让学生在掌握一定模板的情况下，对不同的写作都有应对的策略，使学生体验成功的喜悦。

（4）写作课堂的评价要体现四个原则

第一，内在美，即语言高级，要有高级词汇和语法、修辞手法、名人名

言或谚语；第二，结构美，即分段要有条理，一般分三段；第三，衔接美，过渡要自然，必须有合理的过渡词；第四，外在美，即书写要规范，字迹要漂亮。写作课的评价，要让不同层次的学生都有所收获。句式优美的可以受到表扬，书写规范的同样可以得到表扬，写作成绩突破零分的学生更是一个质的飞跃。通过自主、合作、探究等多种形式，使更多的学生体验写作课中的乐趣。

“目标导学，当堂达标”教学模式的实施，确实给农村普通高中英语写作教学带来了很大的改变，但如何做细、做精、做实，仍需要我们不懈地努力。相信只要我们在课堂改革中精心备课，冷静反思，勇于实践，善于探索，终会取得骄人的成绩。

二、初步构建农村普通高中英语“目标导学，当堂达标”教学模式

（一）实施农村普通高中英语“目标导学，当堂达标”教学模式调查

课题组通过学生问卷调查、前后测成绩对比等研究方法，分析检验研究效果，形成了以下结果。

1. 学生问卷调查分析

第一，学生之所以喜欢高中英语“目标导学，当堂达标”这种教学模式，是因为它充分体现了人的社会性和个性化相互关系的理论，推进、改变了学生的学习方式和教师的教学方式。

第二，“目标导学，当堂达标”教学模式以培养学生创新精神和实践能力为重点，发挥学生的潜能，使学生学会合作，学会交往，让学生动起来，重在全员参与，让学生在参与中体验、感悟。

第三，高中英语“目标导学，当堂达标”促使教师课堂角色的转变，从单纯注重知识传授转变为比较关注学生的学习方式、学习愿望和学习能力的培养，这是学生喜欢的推动力。

第四，“目标导学，当堂达标”教学模式有利于形成一种师生合作、平等参与的课堂教学局面，能充分调动每一个学生的参与意识与积极性。

第五，“目标导学，当堂达标”教学模式有利于学生自主学习能力的培养。

第六，推行“目标导学，当堂达标”教学模式是正确的，也是高中学生所喜爱的。

2. 相关数据分析

通对相关数据分析，"目标导学，当堂达标"教学模式对于有效开展听力、阅读、词汇、语法和写作教学具有重要的指导作用。

3. 实际课堂教学情况

从课堂教学的情况看，研究班的学生在研究前，上课时有一部分学生（特别是学习成绩较差的学生）经常注意力不集中，跟不上教师讲课的进度，教师提问时，有时不知教师讲到了哪里。学生上课睡觉的现象屡见不鲜，不能主动地回答问题，需要教师点名才能完成课堂提问。在研究过程中，上述情况有了很大改观，大多数学生在课堂上都能够把注意力放到学习上。对于提出的问题，大多数情况下学生能主动回答；对于合作探究问题，大多数学生能够积极主动地参与讨论，发表个人意见；在课堂上睡觉的现象虽然偶尔也会发生，但明显减少。课题组对15名（成绩上、中、差各5名）学生进行了访谈，学生普遍反映教师运用"目标导学，当堂达标"教学模式教学，比只听教师讲容易理解，记得牢固。特别是学习成绩较差的学生反映，虽然教师采用了"目标导学，当堂达标"教学模式，但学习对自己来说仍有一定的难度，但比以前愿意学习英语了。从观察到的和访谈得到的这些情况看，无论是学生的学习态度，还是学习的主动性都比以前有很大提高。

通过以上分析，课题组坚定了推行"目标导学，当堂达标"教学模式的信心。

（二）农村普通高中英语"目标导学，当堂达标"教学模式

1."目标导学，当堂达标"教学模式的内涵

农村普通高中英语"目标导学，当堂达标"教学模式是在以往课堂教学改革的基础上，在农村普通高中英语课程的各领域（含词汇教学、听力教学、语法教学、阅读教学、写作教学）融入目标教学思想，以提高农村普通高中英语教学效率和改善农村普通高中学生的英语学习的方法。该模式要求高中英语教师在词汇、听力、语法、阅读、写作课堂教学过程中实施以教师为主导、以学生为主体、以教学目标为主线，以当堂达标为目的的教学方法。教师以高中英语教学目标为导向，在整个教学过程中围绕高中英语教学目标展开一系列教学活动，并以此来激发学生的学习兴趣与积极性，激励学生为实现教学目标而努力学习。

实施农村普通高中英语"目标导学，当堂达标"教学模式的前提是制订科学、规范、有效的教学目标，紧扣《课标》、考纲，研究高中英语教材、学情（不同的学生智力类型、不同的学生基础、不同的学生爱好），在充分集体备课的基础上，制订教学目标，围绕教学目标设计高中英语教学活动、编写学案，并提前发放给学生，便于学生预习教材，自主学习。教学目标的编写要准确，要具体化，要突出学生主体，要有行为动词，教学活动要以教学目标为主线，把教学目标作为教学活动的起点和归宿。在实现高中英语课堂教学目标的过程中，则要不断地设法引导学生向既定的教学目标接近，并在实现教学目标后与学生一起进行课堂总结，以便学生巩固提高，从而实现当堂达标。

2. 学案编制的目标与行为动词

结果性目标如下。

（1）知识目标

了解——说出、背诵、辨认、列举、复述等；理解——解释、说明、归纳、概述、推断等；应用——设计、辩护、撰写、检验、计划等。

（2）技能目标

模仿——模拟、再现、例证、临摹、扩（缩）写等；独立操作——完成、制定、解决、绘制、尝试等；迁移——联系、转换、灵活运用、举一反三等。

（3）体验性目标

经历（感受）——参与、寻找、交流、分享、访问、考查等；反应（认同）——遵守、接受、欣赏、关注、拒绝、摈弃等；领悟（内化）——形成、具有、树立、热爱、坚持、追求等。

（4）表现性目标

复制——从事、做、说、表演、模仿、展示、复述等；创作——设计、制作、描绘、编织、扮演、创作等。

3.“目标导学，当堂达标”教学模式理论依据

（1）“掌握学习”理论

“掌握学习”理论是美国著名教育家和心理学家布卢姆于20世纪70年代提出的，是在“所有学生都能学好”的思想指导下，以基础知识和能力倾向各有差异的学生组成的学习集体（班级授课制）为前提，要求教师对教学目标进行精选和结构化，在学生学习的过程中，进行适时形成性评价（反馈），为不同的学生设计“矫正学习”或“深化学习”，从而使大多数学生达到课程目标所规定的掌握标准，实现当堂达标的高效课堂。“掌握学习”作为一种新的教学模式和教学方法，对教学实践与教学理论尤其是教学方法产生了广泛而深远的影响。

（2）目标教学法

目标教学法是一种以教学目标为核心和主线实施课堂教学的方法，是以教师为主导，以学生为主体，以教学目标为主线的教学方法。教师以教学目标为导向，在整个教学过程中围绕教学目标展开一系列教学活动。

农村普通高中英语“目标导学，当堂达标”教学模式就是建立在“掌握学习”理论和目标教学法基础之上的一种新的教学模式。

4. 农村普通高中英语“目标导学，当堂达标”教学模式的特点

（1）目标导学和当堂达标的有机结合

将目标教学思想融入农村普通高中英语课程的各分领域（含词汇教学、听力教学、语法教学、阅读教学、写作教学）。制订目标—展示目标—实施目标—检测目标—到达成目标，教学程序从展示教学目标开始，到以目标达标终止，学生能够形成一种对学习目标的心理准备，从而形成一种期待心理，做到有备而来，避免了在课堂学习中的盲目性，也避免了课堂教学的随意性，使学生的注意力始终保持高度集中。在词汇、听力、语法、阅读、写作的课堂教学过程中实施以教师为主导，以学生为主体，以教学目标为主线，以当堂达标为目的的有效课堂模式。

（2）群体教学与个体教学的有机结合

作为教师要创设良好的教学环境，激发学生的学习兴趣。学生在自主学习和小组讨论探究的过程中，最大限度地暴露出其中的疑难和存在的问题，获取尽可能多的直接信息，同时培养探究性思维。

（3）反馈性测评与矫正补偿教学相结合，贯穿教学的整个过程

反馈性测评与矫正补偿相结合能够达到“堂堂课，堂堂清”的效果，不会形成知识的负积累，一般没有必要再布置课后作业，从而减轻了学生的学习负担，有益于学生素质的全面发展。

5. 农村普通高中英语“目标导学，当堂达标”教学模式步骤

（1）呈现目标，学标质疑

教学目标是目标教学的灵魂，教师要在词汇教学、听力教学、语法教学、阅读教学、写作教学等高中英语教学的各分领域制订科学有效的课时教学目标。上课前几分钟通过多媒体、板书展示课时教学目标，并进行强调引起学

生关注，让学生明确本课时的学习目标，了解重点、难点。课题和目标的展示可以创设一定的学习情境，激发学生的学习动机。我们知道问题是思维的开始，因此要鼓励学生质疑，从而使学生带着问题进入自主学习环节。

（2）自主探究，合作交流

在这一环节中，利用PPT展示指导学生自学的方法，让学生明确自学的内容、时间、要求、方法。教师借助英语教材、多媒体课件、目标导学案等让学生进行自主学习，并尝试让学生自己解决在词汇教学、听力教学、语法教学、阅读教学、写作教学等方面遇到的问题，引导学生“各自为战”，认真读书，积极思考，激发学生探索问题的主动性，让学生始终围绕本节课的重点和要解决的问题，主动查阅教材、工具书，思考问题、解决问题，在尝试中获取知识、发展能力。

按照预设时间，自主探究之后，对于学生不能解决的问题，引导学生通过小组合作讨论，并充分发挥优秀学生的带头作用，多角度、多层次地辨析，尽可能相互启发，消化个体疑点。教师要迅速、准确地发现学生中普遍存在的疑点和难点。通过学生自学、小组合作、交流研讨、质疑探究，培养学生自主学习和合作学习的良好习惯。

（3）小组展示，点拨矫正

在词汇教学、听力教学、语法教学、阅读教学、写作教学中，学生通过小组合作，充分讨论之后，小组组长对合作交流中遇到的重难点进行展示。对学生具有普遍性的疑点和难点，教师要及时点拨矫正，让疑点不同的几个小组再进行讨论，教师深入其间获取反馈信息，适时进行个别点拨；也可以采用“学生教学生”的办法，让已经解决问题的小组的学生当老师，面向全班进行讲解，教师适时点拨。通过引导、点拨等多种教学方法，为学生的思维助跑，提高学生的自学能力、认知水平，促进学生的全面发展。

（4）归纳总结，提升拓展

针对学生在词汇、听力、语法、阅读、写作中出现的问题，进一步挖掘知识内涵与外延，帮助学生弄清知识的疑点、难点、易混淆点；要引导学生通过变式训练来发散式地提出新问题，做到重点内容概括归纳，梳理成线，加深学生印象；引导学生重视易忽略的知识薄弱点，同时加强解题方法、学习方法的指导和学科思想的提炼；要注重与旧知识的联系，使一节课的知识得到进一步拓展与提升。

（5）测标反馈，当堂达标

每堂课抽出10分钟左右的时间当堂测试，对学生能起到复习、强化的作用，这个环节非常必要。达标练习题要紧扣本堂课的重难点，根据教学目标，设计好检测题。检测题要尊重差异，分批做题和选做题，要限时限量，让学生独立完成。通过巡视、查看或举手等形式，获得反馈信息，统计达标度。对于已达标的学生，可安排他们进行新课的预习，也可围绕目标鼓励、引导他们向更高层次目标发展。对未达标的学生，根据检测情况，帮助其分析错误原因，进行某些知识点的补救，挽救教与学的过失，然后再通过变式练习进行检测，直至完全达标。针对学生训练中出现的问题，教师要及时进行矫正，补充补偿练习，给学生进行针对性训练的机会，起到复习、强化学习目标，提高运用知识能力的作用。

6. 初步构建起农村高中英语“目标导学，当堂达标”词汇教学模式

（1）呈现目标，学标质疑

一个科学、规范的教学目标的确定和呈现需要综合考虑《课标》、学情、教材单元目标和课时目标以及教师教学方法等几个因素。比如具体到学情，教师必须考虑学生的英语学习基础、英语学习兴趣与主观能动性、英语学习能力等几个方面。一般来说，一个完整的教学目标至少要包含知识目标、能力目标和情感态度与价值观的三维教学目标。确定教学目标的同时，教师应该使学生在心理上认识到词汇学习不仅仅是单词的记忆，它更需要学生掌握与词汇学习相关的一些基本知识，以提高学生词汇学习的积极性，减少盲目地死记硬背。这些与词汇学习相关的基本知识包括：英语语音知识（主要是英语48音素和读音规则）、构词方法知识（主要是合成词和词性转换）和常用字母组合（如-tion，-ment，-ture等）。

（2）自主探究，合作交流

新课改和素质教育提倡教师将课堂交还给学生，真正地实现“教师主导，学生主体”的教育教学理念。具体到该模式下的词汇教学，教师应该首先向学生展示如何通过英语48音素、构词法、词性转换以及谐音等途径学习词汇，比如在单词“civilization”（文明）的学习中，教师可以通过展示音标、提示字母组合-tion、划分音节等方式指导学生去记忆。其次教师应引导学生尝试通过教师教授的方法自主探究学习单词，同时在这个过程中教师要做好充分的指导。最后，在教师的统一指导下，要求学生对自己无法解决的问题小组讨论、集体探究，从而实现合作学习的基本理念，这也符合新课改提倡培养学生合作学习能力的要求。在这个模式指导下的词汇教学，真正提高了学生学习词汇的兴趣和能动性，推动了高中英语词汇教学的良性发展。

（3）小组展示，点拨矫正

“小组展示，点拨矫正”是对第二个教学环节的进一步深入和升华。通过小组合作，对词汇学习中的疑难点进行讨论之后，由小组长负责对疑难点进行展示和讲解，这样充分利用了小组资源，体现了学生学习的主体地位。但是对于学生普遍遇到的疑难点或教学重难点，教师需要对其进行点拨矫正，从而使每一个层次的学生都有所收获。在小组讨论和展示的过程中，教师需要深入其间获取反馈信息，从而真正了解学生学习的困难所在，同时也利于教师调整教学思路和步骤。例如，在学生探究通过音标拼读单词的过程中，教师就有必要对“辅音浊化”这一语音现象予以重点点拨，从而帮助学生扫清词汇学习的一些难点和障碍。

（4）归纳总结，提升拓展

词汇知识的学习包含语音知识、构词方法知识、常用字母组合以及词汇记忆方法知识等。教师需引导学生对词汇学习的方法和思路予以总结，帮助学生建立词汇学习的知识框架和结构，从而使学生所学知识更加体系化和具体化。教师应该引导学生理论联系实际，充分运用词汇，从而实现《课标》九级词汇目标，即能够根据交际话题、场合和人际关系等相关因素选择较为适当的词语进行交流或者表达。例如，教师可要求学生用单词造句（要求学生随心所欲地造句，怎么有趣怎么造句，主语可以是身边的人和事），运用固定单词编写故事，编造对话进行交际等。我们发现，经过一系列的训练，学生不仅提高了记忆单词的效率，同时对词汇学习有了更大的兴趣。

（5）测试反馈，当堂达标

“当堂达标”是该教学模式的落脚点和核心，也是衡量这堂课是否成功的关键所在。教师在设计测试或训练活动时，务必注意所选内容必须紧扣所学知识，不可以超越学生的学习和训练范围，体现教学目标的要求，同时要激发学生学习的积极性和主动性。例如，教师在讲解“distance（距离）”之后，可以利用学生比较喜爱的一句话语“The furthest distance in the world is not between life and death，but when I am in front of you but you don't know I love you.（世界上最遥远的距离不是生与死，而是我站在你面前，你却不知道我爱你）”，设计相应的测试和训练活动。在训练活动结束后，教师应该根据测试结果反思教学过程，总结教学经验，促进教师个人专业的发展。

7. 初步构建起农村高中英语“目标导学，当堂达标”听力教学模式

（1）目标呈现，学标质疑

利用PPT、口述指导或板书等形式呈现听力教学的课时学习目标。坚持听说结合，创设情境，将与本课时相关的听力话题，以说的形式和学生交流，激发学生的求知欲。在放听力之前，要熟悉相关话题，预测大意，处理好关键词。当然，听力材料的选取要照顾不同学生的智力类型、学习基础，听力教学课时学习目标的制订要科学全面，鼓励学生对教学目标质疑，明确听的目的，带着问题进入自主学习环节。

（2）自主探究，合作交流

教师在学生自主探究、合作交流学习环节中利用PPT或导学案指导学生学会听前预猜；听中猜测；抓主题句、关键词和信号词；听后推断。要求学生拿到听力试题后一定要快速浏览试卷内容，以获取信息。预测内容时依据已有的信息对话题进行合理想象和逻辑推理，预测听力材料的可能内容和题材，听时要有所侧重，有的放矢地听。借助教材、目标学案、课件等做好听前准备，并尝试解决在听力教学中遇到的各种问题。在听的过程中，对出现某个单词或短语听不清或对上下文的某个环节难以理解时，猜测段落、关键词及上下文之间的逻辑关系等，让学生学会边听边操作，边听边做笔记，学会判断真伪。听后推断，根据说话人的语音语调、遣词造句推断出说话人的主观意图；从说话人的语调变化或对话、独白的上下文关系推断出正确的结论。听完后，小组合作交流，相互核对答案。

（3）小组展示，点拨矫正

合作交流之后，小组展示答案，教师指导学生有重点地听，尤其是学生出错率高的地方。通过PPT或导学案将听力原材料展示给学生。回归到听力原文，让学生查找出错的原因：是因为单词弱读连读没听出来，是因为单词不认识，还是因为熟词新意的问题。对于学生较集中的疑难点采取及时矫正的策略，教师做到及时点拨，让学生学会抓主题句、关键词和信号词的基本能力。

（4）归纳总结，提升拓展

针对学生在听力中出现的问题，和学生一起总结听力训练的技巧。对某一专题的听力材料，采取分散听的方式对同一话题感知、理解、运用。而对于一套听力材料，要完整地听，有利于培养学生对高考听力材料的应试能力。对不同的听力试题做到适时归纳，寻找内在的规律、技巧，从而形成一定的应对策略。因为听力中的对话或文章一般都是比较生活化的，所以一定要多读，大声地朗读甚至达到背诵的程度也不过分，这对学生的语感、英语思维，以及克服汉式思维都大有益处。最后一部分独白的文章还会成为完形填空或阅读理解出题的素材。所以一定要加大对听力原文朗读和背诵的力度，进一步提升、拓展学生的听力水平。

（5）测标反馈，当堂达标

“测标反馈，当堂达标”是课堂的关键环节，以检测题为主，回归教学目标。教师根据教学目标，提前设计好检测题，尤其是学生出错率高的相关或相近的听力材料，因此达标试题的选择很重要。对学生达标情况要当堂反馈，发现问题，及时补救，进一步强化、点拨。对于相关或相近的听力材料，要求学生根据所听的内容进行口头或笔头转述。利用听到的信息，以统一题目为主题，从另一角度写出一个文段。

8. 初步构建起农村高中英语“目标导学，当堂达标”语法教学模式

（1）呈现目标，学标质疑

按照《课标》及教科书中的单元目标和课时目标，并结合具体学情，制订科学、规范、有效的课时教学目标。在吃透教材的基础上理清该课时的知识体系，并明确课时目标中语法知识点及其所要达到的学习目标。在进行各知识点单元教学前，需预先告知学生该语法点所要达到的教学目标，使学生有一种对学习目标的心理准备，避免学生在课堂学习中的盲目性，使学生带着问题进入自主学习环节。高中英语语法教学一定要情境化、生活化，增加语法课的趣味性，因此语法课一定要设法引起学生的兴趣。

（2）自主探究，合作交流

从《课标》的要求来看：“高中英语教学要鼓励学生通过积极尝试、自我探究、自我发现和主动实践等学习方式，形成具有高中生特点的学习过程与方法。”自主学习活动的流程一般为：梳理问题—独立思考—协作探究—多向交流—灵活运用。创设一定的教学情境，使枯燥乏味的语法教学增添生机，增加教学的趣味性，不同类型的项目采用不同的方法，同一项目从不同的角度，用不同的方法去教。因为各种语法的变化和结构特点不同，意义、用法、功能也不同，所以应选用不同的教法，如名词数、形容词宜用直观比较法，动词时态宜用表演法，介语宜用演示法，复合句可用图示法，这样学生的思路才能开阔。

（3）小组展示，点拨矫正

在语法教学中，教师一定要重点精讲，一节课要解决哪个语法要点，教师一定要做到心中有数。为了讲明某个语法要点，一定要有针对性地列举适当的例句，教给学生的语法形式应尽量简单明了。例如，在定语从句的教学中，什么是定语从句，教师应该对学生感到最困难的关于如何选择关系词的知识点讲清楚、讲透彻，告诉学生选择关系词第一要点是看先行词，第二是根据所要选择的关系词在定语从句中对句子成分进行选择，并给出合适的例句，另外还须重点讲清定语从句在应用中的一些特殊情况。

（4）归纳总结，提升拓展

针对学生在语法课中出现的问题，进一步挖掘语法知识的内涵与外延，帮助学生弄清知识上疑点、难点、易混淆点，但必须注重讲解的层次性，毕竟对于基础差的学生来说，不是讲得越多越好。教师在讲解语法知识时，要通过板书或PPT等形式，形成简单的某一个语法的知识树；引导学生重视易疏忽的知识薄弱点，通过反复训练强化巩固。高中英语教学有着自身的特点，加强英语语法的解题方法、学习方法的指导和学科思想的提炼是非常必要的。在归纳本课时的语法教学时，一定要注重与旧知识联系起来，使一节课的知识得到进一步拓展与提升。

（5）测标反馈，当堂达标

当堂测试，对学生能起到复习、强化的作用。达标练习题设计要紧扣本堂课的重难点，根据教学目标，设计好检测题，通过巡视、查看或举手等形式，获得反馈信息统计达标度，起到复习、强化学习课时语法知识目标，提高运用知识能力的目的。

9. 构建起农村高中英语“目标导学，当堂达标”阅读教学模式

（1）呈现目标，学标质疑

阅读教学中“呈现目标，学标质疑”环节是“目标导学法”的前提，也是根本，要求教师以教学大纲为根本，以《课标》为导学案目标制订的主要依据，结合具体学情，制订有效可执行的目标，全面提升学生的阅读理解能力。上课初始，教师要将英语阅读的学习目标明确告诉学生，并解读目标的要求，使学生把注意力集中到将要达到的目标上，唤起学生的参与意识。在这个环节，教师要根据教材的内容、结构和学生阅读理解的基础，科学设置课堂的教学目标。为切实达到教学效果，设置目标时要注意以下问题：一是目标要明确。目标要紧扣教材，引导学生立足教材进行阅读的自学探索。二是目标要因人施教。设置教学目标要从学生实际出发，为不同阅读水平的学生设置不同的教学目标，真正做到循序渐进，同时要拉开档次，使不同层次的学生通过努力探索，都能切实体会到达到学习目标的快乐。三是目标要有启发性。问题是思维的开始，在学生已经掌握教材知识的基础上，激发学生的质疑动机和思维能力，让学生在满怀兴趣的状态下投入学习，鼓励学生带着疑问进行学习。

（2）自主探究，合作交流

了解教材内容是学生完成阅读任务的基础。这个环节要求学生按照制订的教学目标，对教材自学主习，通过对教材的通读、梳理、思考，进而生疑、质疑。这个环节改变了以往的单向灌输的教学模式，让学生掌握学习的主动权。在具体学习中，可根据确定的阅读学习目标，引导学生采取以下几种阅读方式进行自学。一是略读。要求学生从每篇文章的标题，到各个部分都进行概读并归纳出要点，概括作者的主旨、意图、观点、态度，这样就能了解全文的概貌。略读还有助于学生把握上下文之间的意义联系，培养学生的综合概括能力。二是找读。寻找关键信息，如年代、数字、人名、地名等，把握住关键词，利用语法过渡词、语气转折词及时态等抓住文章脉络。三是细读。分段细读，注意细节，注意语言结构，处理语言点，抓住主要事实和关键信息，揭示文章结构的内在联系，帮助深化理解。一篇文章是一个有机的整体，段落与段落之间、上下句之间都存在着内在的紧密联系，所以弄清文章结构，对于把握文章主题和大意非常重要。四是推断阅读。推测未直接写明的含义、因果关系以及猜测在自学过程中遇到的新的单词、表达法或语法。引导学生学会根据上下文进行合理猜测，这样既提高了阅读速度，又形成了一种能力，这也是英语阅读的关键所在。培养学生猜词的能力是外语教学中十分重要而有意义的一个环节。但是若遇到了关键的词句且影响对文章的理解则要提倡学生使用手中的工具书，自行查阅，解决学习中遇到的困难。在引导学生自主阅读探索过程中要注意两点：一是教师方面，可运用一些阅读技巧，提出相应的问题，把学生迅速带入问题情境，使他们的注意力集中到语言材料上，引导他们整理、加工、联想，提高运用有价值的信息来解决问题的能力和语言表达能力。二是学生方面，要求学生针对老师提出的学习目标，做好自学笔记。学生在自行阅读理解的基础上，针对阅读难点提出的疑问或教师所设的疑问，可以与同学共同讨论释疑，如还不能理解，则记录下来，向老师质疑。这样一来，能够有效避免学生产生拘泥书本、依赖教师的思维惰性，变传统的“传道型”教学为平等民主的“商讨型”教学。

（3）小组展示，点拨矫正

“目标导学，当堂达标”阅读教学模式中“小组展示，点拨矫正”环节是目标导学法在英语阅读应用中的核心。充分讨论之后可以由小组长通过口述、黑板展示、投影仪呈现或多媒体等方式对所讨论问题及难点进行展示。在这个环节中，教师首先要将学生的阅读难点进行分类整理，对于一般阅读难点可以通过全班共同讨论的方式进行释疑，或由小组内讨论转为疑点不同的各小组之间的讨论，对于学生难以阅读理解的问题，由教师点拨释疑，让学生由未知到已知、由浅入深、由表及里、由此及彼地掌握知识，促进学生创新思维能力的提高。以疑为学，以疑激趣，调动学生主动思维的积极性。教师在这个环节要突出长句和难句的点拨。长句和难句中包含较多的从句和较复杂的语法结构，是理解中的难点。教师要结合语法教学，通过分析句子结构对新出现的语法现象进行详细的说明，对英语中一些固定的句型和习惯搭配引导学生进行英语思维，进行整体理解，不断章取义，帮助学生搬开这些阅读中的绊脚石。

（4）归纳总结，提升拓展

学生真正达到阅读能力的提高，关键是要培养良好的英语语言能力。这就要求学生在学习中不断总结学习经验，克服学习困难，采用形式多样的拓展训练，进一步提高学习效率。这个过程分为两个阶段：一是归纳总结知识要点、难点。通过对难点、疑点的点拨，进一步梳理文章的脉络，使学生掌握文章主要内容、主要信息，掌握文章所出现的知识点，进而能够归纳掌握阅读技巧，为下一步的达标检测知识运用做准备。二是根据本堂课阅读任务的特点及学生的实际，采取多种形式的拓展方法提升学生的阅读能力。鼓励学生在阅读完一篇文章后，用自己的语言去概括文章的主要内容，总结文章大意和段意，了解作者的观点、态度等，并以写摘要以及摘录其中重点句子的形式，对文章内容进行复述，来提高学生的理解能力；也可以根据所学新单词、短语、句型，仿写一些简单的句子，提高语言的运用能力。

（5）测标反馈，当堂达标

阅读教学中“测标反馈，当堂达标”环节是目标导学法的目的、归宿，既是对前面各环节学习效果的反馈，也是对学生阅读兴趣、能力培养的关键。这个环节中，教师的导向作用不言自喻。教师在设置问题时，既要紧盯教学目标，又要联系学生学习实际，这样才能起到提升学生阅读能力的功效，使学生真正做到会读、能懂，圆满完成预定的学习目标。阅读课的教学是通过理解大意和掌握知识语言点这两个目标最终达到理解文章并运用于实际的。因此，教师可以选取贴近学生生活和语言水平，题材广泛、体裁多样，具有思想性、趣味性、知识性的阅读文章，作为当堂达标的检测材料；或在学生阅读任务结束后，采取一些灵活多样的检测手段，如运用文章中的重点句式、句型，根据所给话题展开讨论，编造对话、角色扮演、写小短文、续写或改写文章等方式测试达标效果。在检测过程中应有合理的反馈和评价，教师可以采用让学生诵读答案、多媒体呈现、情节表演或教师巡视等方式来对测试进行反馈，掌握学生达标程度。针对达标训练过程中遇到的问题，教师要及时予以点拨，并适当进行有针对性的训练。

10. 构建起农村高中英语“目标导学，当堂达标”写作教学模式

（1）目标呈现，学标质疑

“目标呈现，学标质疑”是课堂教学的初始环节，该环节中利用PPT或口述指导学生或板书呈现的方法，创设情境，激发学生的求知欲，然后出示本节课的学习目标或导学提纲，让学生在满怀兴趣的状态下投入学习。根据学生不同的智力类型、不同的学习基础、不同的兴趣爱好，全面、科学、分层次制订目标，鼓励学生质疑。无论何种体裁、题材的写作课，都必须达到其特有的教学目的：表达事实清楚、观点明确、语言优美、过渡自然、结构合理、培养规范的书写习惯。

学生要达到的基本技能：整理思路、组织素材、规划文章结构、列出提纲、起草文章、组织语言、遣词造句、修改文章、正确使用标点符号和字母的大小写。

（2）自主探究，合作交流

“自主探究，合作交流”环节中利用PPT或学案导学的指导方法，让学生明确自学的内容、时间、要求、方法等。借助教材、目标学案、课件等进行自主学习，并尝试解决在写作中遇到的各种问题。在限定时间范围内，先自主学习，再合作探究。写作课中自主合作学习活动的流程一般为：认真审题、明确写作要求—独立思考、整理写作思路—同桌协作、解决障碍词汇—独立写作、完成初稿—小组互评、润色初稿。学生在自学中获取知识、发展自学能力，在小组合作中，取长补短。除了本小组内也可以开展小组超市活动，让疑点不同的小组互相取经，以此来培养学生的自学能力和团队合作意识。

（3）小组展示，点拨矫正

“小组展示，点拨矫正”是写作课堂的又一重要环节，在学生自主学习和合作探究活动的前提下，教师为达成教学目标，组织学生交流和展示，小组长就合作交流中的优秀范文进行展示。让各小组长面向全班利用投影进行点评展示，对于较集中的疑难点采取及时矫正的策略，教师做到及时点拨，多管齐下，学生的写作思维就会插上腾飞的翅膀，越飞越高，写作能力就会节节攀升。（评价等级分为优秀、满意、合格、需再努力。评价内容分为内容、逻辑性、拼写与标点符号、语法运用、努力程度、创造性等。）

（4）归纳总结，提升拓展

针对学生在写作中出现的问题，进一步和学生一起归纳书面表达应该遵循的原则和常见的亮点和失分点；对不同题材和体裁的书面表达做到适时归纳，形成模板，让学生在写作中也能感觉到有规律可循。

（5）测标反馈，当堂达标

不同的课型所采取的检验教学目标达成的方式是不一样的。检测方式根据不同课型、教学内容确定，通常以检测题为主。学生达标情况要当堂反馈，及时补救。以写作课为例，如果在课堂上已经完成一篇完整的习作了，由于时间关系，这个环节可以让学生尝试写出几个类似的句子或者呈现一篇同一体裁的文章让学生写出它的写作思路。

总之，该教学模式就是通过高中英语教师在词汇、听力、语法、阅读、写作课堂教学过程中实施以教师为主导、以学生为主体、以教学目标为主线、以当堂达标为目的的教学模式。高中英语“目标导学，当堂达标”的实现，建立在教学目标的科学性和可行性、小组划分的合理性、学生自主探究的有效性、教师点拨的准确性和当堂达标的精确性的基础上。

（2018年1月经山东省教育科学规划办鉴定结题）

新课标背景下农村高中英语“1236”读写结合教学模式初探

本文以《高中英语课程标准（2017年版）》的实施为背景，结合教学实际，创新农村高中读写结合教学思路，弥补和解决现有研究在农村高中英语读写教学上对落实新课标的教育教学理念不到位和高中英语读写结合教学无法真正促进学生读写能力提升的问题，并结合具体课例实证探究运用这一模式进行读写结合教学的可操作性。

一、新课标背景下农村高中英语“1236”读写结合教学模式研究背景

通过阅读大量书籍及百度检索不难发现，在20世纪60至70年代，国内外语言学家对阅读和写作的相关性进行了理论和实证研究。20世纪60年代后期，美国亚利桑那大学的教授Goodman发起了全语言运动，他主张语言教学的整合。20世纪80年代初，阅读和写作语篇语言学家们对语篇结构、内容开始进行深层次研究。Bracewell和Frederiksen总结出“作家首先必须是读者”这样一种观点。20世纪90年代，英语读写教学整合研究进入黄金时期。Mermelstein是美国著名的读写整合教学设计领域的专家，提出读写整合教学对学生的阅读和写作能力可以同步提升的主张。我国对英语读写整合教学的理论研究比国外滞后，理论研究深度不高，多是一些关于教学主张的研究，教学模式多借鉴国外的，读写整合教学也只是从阅读到写作延伸。胡春洞是我国最早提出语言技能综合教学思想的英语教学法专家。20世纪90年代末，我国的另一教学法专家刘上扶把国外的阅读—讨论—写作综合教学法引入国内，这一教学法把阅读、讨论、写作这三个环节结合起来。到了21世纪初，英语教育专家王蔷在专著《英语教学法教程》提出把英语听、说、读、写四项基本技能的教学方法综合起来的理

念；阅读和写作的结合是以文章为载体，从文章主要内容出发，使学生的阅读、写作和思维的训练融为一体，通过相关的读写训练促使学生思维得到发展，提升学生对英语知识的理解和应用能力。这种以提高阅读和写作能力为目标的读写整合研究受到了很多英语教学研究者的青睐。

近年来，教育界提出了学科核心素养的概念，《普通高中英语课程标准（2017年版）》明确了高中英语教学要提高学生的英语学科核心素养，目标是培养学生语言能力、思维品质、文化意识和学习能力，为学生终身学习和发展奠基。为了促进学生核心素养的培养，响应教育部考试中心的改革，2017届高考综合改革试验省份（浙江和上海）高考英语科首次引进读后续写和概要写作题型，对考生的英语学科核心素养进行综合考查，为高中英语读写结合教学提供了新的视角，是一种在阅读理解基础上进行写作练习的学习方法，让学生阅读文本并续写或概要写作，以此提高其写作能力。

目前，随着《普通高中英语课程标准（2017年版）》的颁布及高中英语学科核心素养提出和高考新题型的出现，国内许多专家和教学一线的教师对高中英语读写结合教学做了大量的思考和尝试，并提出了自己的观点和个人主张。大部分专家和教师认为核心素养理念下的高中英语读写教学，既承担着提高学生读写能力功能，还应重视对学生思维能力、创新能力及应用能力的培养；倡导以读促写和以写促读的教学策略或教学模式，恰当把握读与写教学的切合点；对高考新题型读后续写和概要写作也做了大量的尝试，并有针对性地设计教学方案，通过优化高中英语读写结合教学实践，促进英语学科核心素养的有效落实。

但是，已有研究在以下问题的研究上还比较薄弱，还没有形成一致的观点，需要开展进一步研究：①立足农村高中读写教学现状，按照《普通高中英语课程标准（2017年版）》的具体要求，针对学科核心素养和指向英语高考新题型的读写结合的教学模式研究不多，且大多停留在理论层面；②立足农村高中英语读写教学现状，按照由主题语境、语篇类型、语言知识、文化知识、语言技能和学习策略六要素构成的课程内容以及英语学习活动观对阅读文本进行深度理解学习并和高考新题型相结合的研究不多，且不成熟，没有实际的借鉴价值。

从2003版《普通高中英语课程标准（实验）》实施以来，大部分教师的教学方式从过去的语言知识讲解和传授转向了关注信息的提取和策略的训练，但忽略主题语境、语篇意义与结构、语篇所承载的文化内涵、语言学习与思维发展等，从而使语言学习停留在表层，英语学科的育人功能也只能流于形式。缺乏真实语境下的语言实践活动，采用碎片化的教学方式是导致学生学习低效率的关键因素。教师对《普通高中英语课程标准（2017年版）》的认识不到位和对课程内容各要素缺乏整合、没有建立有机联系是教学碎片化的根源。

本课题研究试图从农村高中英语读写教学实际出发，将理论和实践相结合对新课标背景下农村高中英语读写结合教学模式展开研究，以弥补和解决现有研究在农村高中英语读写教学上对落实新课标的教育教学理念不到位和高中英语读写结合教学无法真正促进学生读写能力提升的问题。

我们课题组立足农村高中英语读写教学现状，以高考写作新题型出现为契机，在高中英语读写结合教学中融入英语学科核心素养和《普通高中英语课程标准（2017年版）》的教育教学理念：结合平时的读写教学，基于阅读文本设计教学，实现评价促学的作用；发展学生的语言能力、文化意识、思维品质和学习能力等英语学科核心素养，实现新课标要求的德育为魂、能力为重、基础为先、创新为上的育人功能。我们课题组重点研究指向读后仿写或高考新题型读后续写或概要写作，在农村高中英语读写课堂教学中，按照将一个阅读文本在两个课时中以课堂教学目标的指向性和侧重点不同而采用不同的教学步骤的思路，构建起适合农村普通高中英语读写结合的高效课堂教学模式，解决在读写教学中缺乏新课标要求的教育教学理念和对语言的学习表面化和碎片化，走过场的现象。本课题必将提高我校英语教育教学质量和学生的英语成绩；同时能够为其他学校的高中英语读写结合课堂教学起到参考作用。在学术价值方面，本课题研究将进一步推进农村地区高中英语读写结合教学改革，将切实丰富贯彻《普通高中英语课程标准（2017版）》发展高中学生英语学科核心素养的校本化路径和策略。在应用价值方面，本课题研究有利于突破农村英语读写教学的难点，较大幅度改善高中学生英语读写学习现状，较大面积提高高中英语教育质量。

二、新课标背景下农村高中英语“1236”读写结合教学模式研究内容

1. 研究对象

新课标背景下农村高中英语读写结合教学模式构建。具体地说，准确理

解和全面贯彻《普通高中英语课程标准（2017版）》的要求，特别是发展学生学科核心素养的要求，尝试在农村地区普通高中，在英语读写课程领域构建新的教学模式。

2. 总体框架

坚持理论探索和实践建构相结合，实践建构为主的研究策略，进一步深化农村高中英语读写教学情况调查分析，全面总结并合理吸取农村英语读写结合经验，坚决贯彻《普通高中英语课程标准（2017版）》的要求，在英语读写结合课程领域，努力建构体现新课标要求的农村普通高中英语读写结合教学模式，最终深化农村地区普通高中英语课程改革。

3 重点难点

（1）新课标背景下农村高中英语读写结合教学，从以处理阅读文本为主的阅读教学和指向以读后仿写、读后续写和概要写作为主要形式的读写结合的写作教学两个层面，构建起融入新课标理念且适合农村高中英语读写结合的教学模式。

（2）新课标背景下农村高中英语读写结合教学模式有效指导农村高中英语读写结合课堂教学。

4 主要目标

（1）实证新课标背景下农村高中英语读写结合教学模式在实践运用中的合理性和有效性。

（2）构建起新课标背景下农村高中英语读写结合教学模式。

三、新课标背景下农村高中英语“1236”读写结合教学模式创新之处

基于农村高中现实的软件和硬件建设相对落后、教师水平和学生素质相对较低、高中英语读写结合教学相对滞后的现状，未能很好落实《普通高中英语课程标准（2017版）》的要求，高中英语课堂教学停留在新课标出台前的教学思路上，课题组提出新课标背景下农村高中英语读写结合教学模式，融入新课标要求的教育教学理念，进而构建适合农村高中英语读写结合的教学模式是本课题的创新之处。

本课题的研究立足农村高中英语读写教学现状，以课堂教学为研究对象，按照《普通高中英语课程标准（2017版）》要求，改变忽略主题语境、语

篇意义与结构、语篇所承载的文化内涵、语言学习与思维发展等导致语言学习停留在表层，育人流于形式的读写教学现状；在高中英语读写教学中，解决碎片化教学，按照新课标要求，重新整合课程内容，在课程内容之间建立起有机的关联，落实好学科核心素养，达到育人功效。

基于农村高中现实的英语读写结合教学相对滞后的现状，鉴于农村高中英语读写课堂教学不能用一节课恰当处理好阅读文本读写的铺垫与输出的时间分配问题、输入与输出一致性的问题、输入的量与输出的质的平衡问题这三个问题，我们将城市高中读写结合教学的一节课，分两个课时处理，其目的是降低学生的学习难度，让学生有充分的时间阅读和写作，将阅读和写作教学落到实处，促进学生阅读和写作能力的提升；同时将新课标的理念真正落实到高中英语课堂读写教学中，达到学科育人的目的。

课题组重点研究指向读后仿写或高考新题型读后续写或概要写作，在农村高中英语读写课堂教学中，按照将一个阅读文本在两个课时中以课堂教学目标的指向性和侧重点不同而采用不同的教学步骤的思路，构建起适合农村普通高中英语读写结合的高效课堂教学模式，解决在读写教学中对语言的学习表面化和碎片化，走过场的现象。阅读文本基于英语学习活动观的教学设计，遵循这一活动观，教师需要整合课程的六要素，以主题为引领，以语篇为依托，将语言知识学习、文化内涵理解、语言技能发展和学习策略运用融合在学习理解、应用实践和迁移创新等三类相互关联的语言与思维活动中。运用理论和实践相结合的研究方法，立足我校学生的实际，注重成果的可行性和实用性。根据具体情况采取观察法、行动研究法等。该模式能够深入落实新课标要求的教育教学理念；能够将主题语境、语篇类型、语言知识、文化知识、语言技能和学习策略六要素构成的课程内容及英语学习活动观对阅读文本进行深度理解学习，实现与高考新题型结合；深入落实高中英语学科核心素养，促进农村普通高中英语读写教学，提高农村普通高中的读写结合教学课堂效率和农村普通高中学生的英语成绩，具有很强的实用和推广价值。

四、新课标背景下农村高中英语“1236”读写结合教学模式解读

新课标背景下农村高中英语“1236”读写结合教学模式中的“1”指的是：一个教材文本；“2”指的是：两个课时；“3”指的是：在第一课时，指

向以处理教材文本为主的读写结合课堂教学中的三个教学步骤，即读前—读中—读后；“6”指的是：在第二课时，指向读后续写或概要写作或仿写写作的课堂教学中的六个教学步骤，即导—思—议—展—评—测。指向高考新题型读后续写或概要写作是对文本的深度阅读，第二课时是对第一课时教材文本的深度学习。

教学模式步骤设计：体现指向学科核心素养的英语学习活动设计。

（一）第一课时为学习理解类和应用实践类两种活动

1. 学习理解类活动

读前：

读前感知，围绕主题创设情境，铺垫语言。教师创设情境，围绕主题激发学生的兴趣。从文章提供的标题、图片及一些教师预设问题信息等线索中发现并感知微观背景知识，建立可能的信息框架，缩小信息结构范围，它能帮助学生初步了解所读文章的结构及中心大意，从而激活更多的相关背景知识。我们知道读前活动是教学活动的预热阶段，所以在进行教学设计时可以设计与阅读材料有联系的趣味活动，这样学生不但了解阅读材料背景、熟悉阅读中新词的目的，还能激发学生学习兴趣，调动学生学习积极性。无论哪一种形式的读前活动，其目的都是使学生为后面的阅读做准备。比如看图猜生词，可以作为教师调动课堂氛围为后面学习做准备的有效方法，采取不同的教学方法和方式设置活动，激发学生学习动机，增强阅读效率。

读中：

读中理解，让学生学会概括、梳理、整合信息。①学生根据文章标题预测内容，并通过快速浏览，确认自己的预测是否正确。训练学生通过标题预测文章大意的能力；运用跳读的技巧捕捉关键信息的能力。②学生细读课文，找到和文本材料相关的人物、背景、情节的信息，梳理并整合细节信息，使之结构化。通过对细节信息的梳理，训练学生通过速读，把握文章结构、要点，抓关键词概括主题的能力；通过语篇学习掌握各种文体特征、基本要素和常见阅读方法。

2. 应用实践类活动

读后：

读后应用，学生在教师的指导下能够做到：①实践与内化所获得的语言知识与文化知识。学生依据所梳理和提炼的结构化知识，运用所学习的固定搭配或语言表达方式，采用小组讨论并让学生向全班汇报的形式分析阅读文本所包含的信息，目的是训练口语表达能力，培养发散思维和想象力；同时对学生进行情感和意志品质的教育，成功所必备的素质的教育，内化所学语言知识与相关信息。

（1）基于主题与内容进行分析与解决问题能力，表达个人观点。

（2）作业的布置要有实效，既能巩固第一课时所学知识，又为下一节课做好铺垫。

（二）第二课时为迁移创新类活动

1. 导：导入新课，激发兴趣

在这一环节教师用简洁明快的语言，从而实现旧知识向新知识的过渡，激发学生对学习知识的好奇心。导入的方式有：直接导入、直观导入、故事导入、问题导入、情境导入、温故导入、悬念导入、经验导入、观念冲突导入、生活现象导入等。无论是哪种导入方式，都要做到以下几点：第一，和本节课息息相关，能激发学生的求知欲，帮助理解本节课的学习内容；第二，吸引学生的注意力，为新课的展开创设学习情境，使学生有准备、有目的的进入学习。这就要求教师应积极钻研，找到丰富多彩的新课导入方式来活跃课堂，焕发学生的学习热情。

2. 思：思维导图、梳理结构

在这一环节，通过思维导图的形式，进一步分析评价语篇的意义与形式。问题的设置要符合学生的认知特点和教材的难易程度，层层推进，步步为营，推动学生思维的展开，开拓学生思维，使学生真正投入到思考当中。通过层层递进的思考，培养学生逻辑性思维能力；引导学生进一步厘清故事发展脉络和文本人物性格、语言特征和情节发展的逻辑性，为写作做铺垫。

3. 议：小组讨论，合作交流

在这一环节是从“思”到“展”的过渡阶段，教师创设新的语境，开展想象与创造，运用所学阅读文本的语言，分析问题、解决问题。学生根据教师出示的讨论内容小组进行集体讨论。要求教师设置的问题要有一定的方向性，既是对原阅读文本的梳理和深度解读，又是对下一步写作的铺垫。通过讨论，帮助学生获取足够的写作信息；通过引导学生用自我提问的方式进行讨论，增强其通过提问获取写作思路和写出符合逻辑的文章的意识；同时，通过“议”环节让不同层次的学生在交流中碰撞思维，积累写作素材，为“展”做准备。

步骤如下：分组，确定好组长和发言人，其他同学辅助发言。课堂教学以小组为单位，充分调动学生积极参与小组讨论，合作探究，互帮互学，解决讨论内容中的疑难问题。

4. 展：鼓励质疑，修改完善

通过“议”后，引导学生按照要求进行写作，鼓励学生清楚地表述情节发展的原因，并鼓励学生运用不同句型进行写作。通过全班交流，提升对这一问题的批判性思考。在这一环节，按照既定的规则展示，鼓励学生质疑、纠错、补充。教师要让展示的同学通过投影，面向全体同学读自己的文章，鼓励其他同学修改完善。当然，让学生展示时，教师要兼顾个体差异；教师要进行恰当的组织，调控教学活动，关注学生的有效参与，不能只是简单的提问，而是要进行有意识的引导。

5. 评：自评互评，取长补短

制定一份具体可操作的评价细则，然后推选出优秀作品，进行细致的分析和学习。在这一环节，教师要依据评价细则，让学生通过自评、生生评、师生评等方式，对展示的作品进行评价。教师要引导学生评出作品优缺点，以及可以改进的地方。学生通过评价，取长补短，自我完善。

6. 测：示范引领，共同提高

修改润色文章，展示部分优秀学生作品，引导基础差的学生学会写作的技巧和方法。在这一环节，学生通过自评、互评，按照评价细则，完善自己的作品。然后选择典型作品进行展示，以达到更好的示范引领，从而实现全面提高。

课后作业要求每位同学进一步润色自己的作品。这个环节是在课外进行的，主要目的是结合学生实际进行巩固训练，实现写作能力人人达标。

新课标要求对阅读文本的教学应体现出基于语篇的学习理解类活动、深入语篇的应用实践类活动、超越语篇的迁移创新类三类活动相互结合。在每类活动中有机融入语言知识学习、语言技能运用、学习策略应用、思维品质发展和文化意识培养，帮助学生积极主动地参与到探究主题意义的学习活动中，学会运用所学语言分析问题和解决问题，达到发展英语学科核心素养的课程目标。

五、本课题中的阅读教学的三段式和传统阅读教学为主的三段式的关系

相同点：本课题中的阅读教学的三段式借鉴传统阅读教学三段式的基本

流程和思路。不同点：本课题阅读教学中的“读前—读中—读后”三段式模式侧重于英语学习活动观中的学习理解类和应用实践类两种活动，将迁移创新类活动放在第二课时写作课。传统的阅读教学在读前、读中、读后教学环节，设计有效的问题开展教学，帮助学生理解文本、拓展内涵、发展思维。教师在读前的话题导入、读中的文本梳理、读后的拓展内涵环节，对文本语言、篇章结构、文化内涵、作者观点、写作目的、情感态度等进行分析、综合和评价，以期提高学生的批判性阅读能力。本课题在问题设置上在第一课时更侧重展示型问题和参阅型问题，评估型问题放在第二课时，设置评估型问题是第一课时的延续，同时也为写作课做铺垫。

我们知道布鲁姆思维分层从低到高共计有记忆、理解、应用、分析、评价和创造六大部分，而梁美珍等人对布鲁姆的思维分层理解仅为三类问题：展示型提问、参阅型提问和评估型提问。展示型提问是“教师根据具体教学内容进行的提问。这类问题只要求学生对课文进行事实性的表层理解，并根据短时记忆或者查看课文找到答案。”参阅型提问是“根据课文相关信息提问，这类问题没有现成的答案，学生要结合个人的知识和课文所提供的信息进行综合分析。”评估型提问“要求学生在理解课文的基础上进行深层次的逻辑思维，运用所学语言知识就课文的某个事件或观点发表自己的看法。”

我们之所以将阅读教学中的评估型提问以及迁移创新活动放到第二课时，目的就是基于农村高中现实的英语读写结合教学相对滞后的现状，降低学生的学习难度，让学生有充分的时间阅读和写作，将阅读和写作教学落到实处；处理好阅读文本读写的铺垫与输出的时间分配问题、输入与输出一致性的问题、输入的量与输出的质的平衡问题等三个问题；促进学生阅读和写作能力的提升；同时将新课标的理念真正落实到高中英语课堂读写教学中，达到学科育人的目的。

六、“新课标背景下农村高中英语‘1236’读写结合教学模式”课题研究的理论依据

1. 理论依据是“掌握学习”理论

“掌握学习”理论是美国著名教育家和心理学家布卢姆于20世纪70年代提出来的。“理解学习”就是在“所有学生都能学好”的思想指导下，以基础知识和能力倾向有差异的学生组成的学习集体（班级授课制）为前提，要求教

师对教学目标进行精选和结构化，在学生学习的过程中，进行适时形成性评价（反馈），为不同的学生设计“矫正学习”或“深化学习”，从而使大多数学生达到课程目标所规定的掌握标准，从而实现当堂达标的高效课堂。“掌握学习”作为一种新的教学模式和教学方法，对教学实践与教学理论尤其是教学方法产生了广泛而深远的影响。

2. 构建主义学习理论

构建主义学习理论认为：知识不是通过教师传授得到，而是学习者在一定的情境即社会文化背景下，借助其他人（包括教师和学习伙伴）的帮助，利用必要的学习资料，通过意义建构的方式而获得的。

3. 行为主义学习理论

行为主义学习理论应用在学校教育实践上，就是要求教师掌握塑造和矫正学生行为的方法，为学生创设一种环境，尽可能在最大程度上强化学生的合适行为，消除不合适行为。在学习过程中，学生可以自定学习步调，自主进行反应，逐步达到总目标。

4. 主体性教育理论

所谓主体性教育，是指根据社会发展的需要和教育现代化的要求，教育者通过启发、引导受教育者内在的教育需求，创设和谐、宽松、民主的教育环境，有目的、有计划地规范、组织各种教育活动，从而把他们培养成为能够自主学习地、能动地、创造性地进行认识和实践活动的社会主体。

5. 金字塔是美国缅因州的国家训练实验室研究成果

金字塔是美国缅因州的国家训练实验室研究成果，它用数字形式形象显示了：采用不同的学习方式，学习者在24小时以后还能记住内容（平均学习保持率）的多少。它是一种现代学习方式的理论。在塔尖，第一种学习方式——“讲授”，也就是老师在上面说，学生在下面听，这种我们最熟悉最常用的方式，学习效果却是最低的，两周以后学生记住学习的内容只有5%。第二种，通过“阅读”方式学到的内容，可以记住10%。第三种，用“视听结合”的方式学习，可以达到20%。第四种，是“示范”，采用这种学习方式，可以记住30%。第五种，“小组讨论”，可以记住50%的内容。第六种，实践练习“做中学”或“实际演练”，可以达到75%。最后一种在金字塔基座位置的学习方式，是“教别人”或者“马上应用”，可以记住90%的学习内容。

6. 深度学习的概念

深度学习是指在基于理解学习的基础上，学习者能够批判地学习新思想和新事实，并将它们融入原有的认知结构中，能够在众多思想之间进行联系，并能够将已有的知识迁移到新的情境中，做出决策和解决问题的一种学习策略。这种策略与我们新时期课改所倡导的自主学习、合作学习、探究学习有着惊人的一致性。

7. 心理学相关研究

心理学研究指出，阅读是内化的吸收，是对基础知识理解的过程；写作则是外化的表达，是对基础知识运用的过程。通过阅读记忆，积累了丰富的语言材料，表达才具有心理前提。同时，阅读还能为作文提供范例，提供技能模仿运用的直观形式。从这一意义上讲，阅读是作文的基础，作文则是阅读的发展和提高。当然，反过来讲，作文又可以激发学生产生模仿的心理需要，从而带动阅读、促进阅读。所以说，阅读与作文两者是相互促进、相互补充、相辅相成的。读与写确实存在着有机结合的客观依据。

8. 河北石家庄精英中学"高效6+1课堂模式"

高效"6+1"课堂的基本形态是由两部分组成的，第一部分是高效"6+1"课堂模式中的"6"，是指课堂教学中依次进行的六个环节，包括"导""思""议""展""评""检"；第二部分是高效"6+1"模式中的"1"，谓之"用"，这是在课后自习中进行的一个教学环节。

七、典型教学设计展示

基于"新课标背景下农村高中英语'1236'读写结合教学模式"研究

——以Unit 3 Like Father Like Son为例的教学设计

Period 1　Reading Comprehension

【主题语境】

人与自我——家庭生活

【课程特征分析】

本节为以外研版高一新教材Unit 3 Family Matters 中的Like Father Like Son

为基础的阅读课，目的是让学生通过对教材文本的深度阅读，提升学生的逻辑思维能力，学会对文中人物进行分析和对故事走向进行推断，在阅读理解的基础上逐渐培养学生在现实生活中解决类似问题的能力。

【文本分析】

这一节是高一新教材第一册第三单元的一篇对话。本板块呈现了一篇反映单元主题的课文，语篇类型为戏剧，对话重点讲述了“儿子”想放弃高考而去乐队演奏乐曲的想法引发父子之间的冲突。该对话以“爷爷”和“父亲”下棋这一愉悦和睦的家庭氛围开始，“儿子”放学回家说出了自己的想法之后，引发矛盾和冲突。“父亲”想让“儿子”学习法律，成为一名受人尊重的律师；“爷爷”劝“父亲”尊重“儿子”的选择，也劝“儿子”慎重选择事业。这篇对话表明不同时代的人在择业方面的代沟问题，相互理解，换位思考，才能找到更好的解决问题的办法。本篇文章语言简单，但适合引导学生进行发散性思维，让学生学会理性辩证地处理自己遇到的实际生活问题。

【学情分析】

授课对象为高一学生，在高一已经开始上职业生涯规划课程，该话题应该很熟悉，也与学生的心理需求高度契合。由于我们是农村高中，学生的英语表达能力有一定的欠缺；英语阅读能力相对薄弱。在教师的引导和帮助下，通过自主合作探究，学生能够读懂剧本，理解文章大意及细节，并能掌握戏剧的文体特征、基本要素和常见阅读方法，学生能够正确看待并妥善解决日常生活中的家庭矛盾，树立正确的家庭观。

【教学重点】

引导学生准确理解文章大意及文章标题。

【教学难点】

引导学生理解戏剧的基本特征及正确看待家庭矛盾、树立正确的家庭观。

【教学目标】

（1）学生能够读懂剧本，理解文章大意，并根据文章内容准确理解标题的含义，为文章选择另一个合适的标题。

（2）学生通过语篇学习掌握戏剧的文体特征、基本要素和常见阅读方法。

（3）学生能够正确看待并妥善解决日常生活中的家庭矛盾，树立正确的家庭观。

【Teaching procedures】

Pre-reading：

Task 1 Lead-in

Show Ss. two pictures in which father and son have something in common.

Task 2 Group work：Talk about how Ss. feel when they see the pictures.

（设计意图：围绕主题创设情境，激发学生的兴趣；为进一步理解父子关系做情感方面的铺垫。）

While-reading：

Task1. Prediction：

What information does the title convey?

Skim the passage and confirm your prediction.

（设计意图：训练学生通过标题预测文章大意的能力及运用跳读的技巧捕捉关键信息的能力。）

Task 2 Scan the passage and read for the main idea.

What is the main idea of the play?

A. The conflict between father and son about the career.

B. The advice from grandfather.

C. The talent of son.

D. The suitable career for son.

（设计意图：训练学生通过速读，把握文章结构、要点，抓关键词概括主题的能力。）

Task 3 Read the text carefully and fill in the table.

T：A play is a story performed on a stage. It has plot，settings，characters and actions，as well as dialogue between characters.

setting	The living room. 1.Friday night. A table and two 2.chairs at front centre.
characters	3.Grandfather—in his 70s，keen chess player Father—in his 40s，4.lawyer football fan Son—16 years old，senior high 5.student，music lover
plot	The son doesn't plan to go to university. He wants to focus on his 6.band and have a career in 7.music. But the father wants his son to become a 8.lawyer. The grandfather advises his grandson to go to 9.university and play music at the same time. This way，he can make lots of new 10.friends.

Task 4 What conflict does the son have with his father?

The son wants to have a career in music after graduating from senior high school，while his father wants him go to university and become a lawyer.

（设计意图：本环节让学生掌握戏剧的文体特征、基本要素及常见阅读方法。）

Task 5 Cloze test

Fill in the blanks according to the text.

The grandfather and the father，1.<u>seated</u>（seat）at the table，are playing chess.The son 2.<u>nervously</u>（nervous）approaches the table and tells his father he has decided not 3.<u>to go</u>（go）to university. He wants to focus 4.<u>on</u> his band and has a career in music when he leaves school. The father thinks 5.<u>playing</u>（play）in a band is not a job and he wants 6.<u>his</u>（he）son to be a lawyer because he thinks people show respect for lawyers.7.<u>However</u>，the son is not interested in law. The grandfather advises the son to think carefully 8.<u>before</u> jumping in with both 9.<u>feet</u>（foot）. The grandfather says if the son goes to university and plays music at the same time，he 10.<u>will have</u>（have）two options for his future.

（设计意图：本环节是对教材文本的概括，增强学生对语篇的整体把握能力。）

Post-reading:

Task 1 Discussion

1. What kind of person is the son/the father/the grandfather?

2. What qualities does he has?

（firm belief，strong will，determination，perseverance，hard training，confidence，interest，concentration，good physical abilities，etc.）

（设计意图：分析人物性格、描述人物，训练口语表达能力；同时对学生进行情感和意志品质的教育，以及成功所必备的素质的教育。）

Get individuals to report to the whole class. T evaluates their performance.

（设计意图：鼓励学生的自主创新和合作探究；培养发散思维和想象力；锻炼口语交际和语言运用能力。）

Task 2 Thinking and exchange

If you were in a similar situation to the son，what would you do? why?

（设计意图：通过思考交流，让学生能够正确看待并妥善解决日常生活中的家庭矛盾，树立正确的家庭观。）

Homework

Role-play

（设计意图：以课后作业的形式，进一步巩固本节课所学内容，同时为下一节课做准备。）

Period 2　Continuation writing

【教学目标】

（1）学生能够基于人物性格与行为之间关系的讨论，进一步发展逻辑性和批判性思维，分析得出父子之间矛盾存在的深层原因，理解两代人的不同立场各有其出发点和合理性。

（2）合理推断故事情节发展，为续写人物的后续发展做铺垫。

（3）获取续写思路，写出符合逻辑的文章。

【教学重点】

引导学生在厘清故事发展脉络的基础上通过讨论和分析故事后续发展，最终基于文本人物性格、语言特征和情节发展的逻辑性完成续写内容。

【教学难点】

分析并得出父子之间矛盾存在的深层原因，从而使得续写内容更加符合逻辑，更具说服力。

（一）导

Step 1. Lead in

Task 1 Discussion

What do you want to do in the future?（or what career do you want to take up in the future?）

Do your parents support your idea/decision? If not, what would you say to persuade them?

____

____

____

Ask three questions to help Ss review the content of the reading text.

1. What was wrong with the son?

2. What was the father's reaction?

3. What made the son change his mind?

Task 2 Ask some students to roleplay

（设计意图：通过提问，引发学生思考个人职业生涯规划；通过角色扮演，回顾教材文本，进一步体验文本角色的性格，承上启下，为读后续写做好铺垫。）

（二）思

Step 2. Thinking

Task 1 Find out the reasons why son has decided not to go to university and is so eager to have a career in music and why Father doesn't agree.

Questions:

1. What is father's reaction when son tells him his decision?

2. What's grandfather's attitude towards son's idea?

3. According to father's experience, in your opinion, what kind of person was father when he was young?

4. Why doesn't father support son when son is to follow his example?

5. Do you think grandfather plays an important part in dealing with the problem?

6. If son promises to work hard to be admitted into his ideal university, will father support son?

追问：

So what is father really worried about?

Please underline words&sentences that show the son's feelings and the father's behavior in the passage that we learned last class.

（设计意图：通过层层递进的追问，培养学生逻辑性思维能力；引导学生进一步厘清故事发展脉络和文本人物性格、语言特征和情节发展的逻辑性。并通过分析父子之间矛盾存在的深层原因，为续写人物的后续发展做铺垫。）

（三）议

Step 3. Discussion

Choose one point to discuss in their groups.

1. Son will leave school without permission.

2. There is a win–win solution.

（设计意图：通过讨论，帮助学生获取足够的续写信息；通过引导学生用自我提问的方式进行讨论，增强其通过提问获取续写思路写出符合逻辑的文章的意识。）

（四）展

Step 5. Presentation

Task 1 Write the passage according to the requirements

Requirements:

1. Write about 150 words.

2. Use at least five given words and underline them.

3. Highlight the sentences related to "Why".

4. Use correct grammar and various structures

Check your writing based on the mentioned 4 requirements. And share it with all the students.

（设计意图：引导学生按照要求进行写作，鼓励学生清楚表述情节发展的原因，并鼓励学生运用不同句型进行写作。）

Paragraph 1:

Son: (with a sigh) Dad, why should I make lawyer friends? Can't I learn music in the university?

____

____

____

Paragraph 2:

Grandfather: (smiling) Sounds reasonable.

Father: I agree, ________________________

But ________________________________

____

____

____

Son: OK, Dad. Thank you.

Task 2 present the works

（设计意图：引导学生按照要求进行修改；鼓励学生展示自己的作品。）

（五）评

Step 6. Evaluation

Evaluate some compositions together.

（评价细则）

□ 续写的故事主线是否在给定文章当中都能找到依据？
□ 续写的故事是否在语言、人物性格等方面与所给的文章一致？
□ 续写内容是否与给定的段落开头语衔接紧密连贯？
□ 是否用了合适的连接词使得行文更加流畅、紧凑？
□ 文章中是否有遣词造句、拼写、语法、标点等方面的错误？如果有，请帮忙划出来。

（设计意图：通过阅读不同写作思路的文章，形成开放包容的态度；通过品评他人的作品，学习如何进一步提升自己的习作。）

（六）测

Polish the continuation writing

（设计意图：通过修改润色，再次展示部分优秀学生作品，同时引导基础差的学生学会读后续写的技巧和方法。）

Step 7. Homework

Polish the continuation writing again and hand it in.

（设计意图：通过课后二次作文，进一步润色修改自己的作文，达到文本语言提升，语言更加丰富，使全体同学均学有所获。）

参考文献

[1] 于洪伟. 高中英语读写结合课堂教学实例研究 [J]. 教育教学论坛，2013（8）.

[2] 陈进，孙莉. “以读促写”提高英语写作能力的教学法的研究 [J]. 辽宁师范大学学报，2013（5）.

[3] 周永胜，晏玉平，刘建新，等. “农村普通高中课堂深度教学策略的研究”课题研究方案 [J]. 教师（中），2017（11）.

[4] 张清苗. 基于高中英语学科核心素养的读写结合教学模式分析 [J].

速读（中旬），2018（7）.
［5］郑爱平. 基于核心素养的高中英语读写教学实践［J］. 校园英语（下旬），2018（7）.
［6］王晓艳. 浅析基于英语学科核心素养的高中课堂教学［J］. 校园英语（下旬），2018（4）.
［7］张晓华. 基于英语学科核心素养的高效课堂模式探究［J］. 中学生英语（教师版），2017（9）.
［8］姚旭辉，周萍，陈缨，等. 英语阅读教学中的读写整合：铺垫与输出［M］. 杭州：浙江大学出版社，2014.
［9］梁美珍，黄海丽，於晨，等. 英语阅读教学中的问题设计：评判性阅读视角［M］. 杭州：浙江大学出版社，2014.
［10］王秋红，周俊婵，陈璐，等. 英语阅读教学中的语言处理：理解与赏析［M］. 杭州：浙江大学出版社，2015.
［11］庄志琳，沈萃萃，唐明霞，等. 英语阅读教学中的材料处理：解读与使用［M］. 杭州：浙江大学出版社，2013.
［12］戴军熔，郑春江，朱雪，等. 英语阅读教学中的读后活动：设计与实施［M］. 杭州：浙江大学出版社，2013.
［13］梅德明，王蔷. 普通高中英语课程标准（2017年版）解读［M］. 北京：高等教育出版社，2018.

撰写论文结硕果

批判性阅读策略在高中英语阅读教学中的应用研究

《普通高中英语课程标准（2017年版）》中明确指出，实施教学的最终目的为培养学生自主学习、合作学习的能力，促使学生在日常生活中利用英语解决相应的问题。基于上述教学目标，高中英语教学不仅要重视语法知识、词汇的积累，更应重视阅读教学的开展，通过阅读教学，实现学生英语应用能力的提升。一直以来，教师在英语阅读教学中并未充分重视培养学生的批判性思维能力，多数教师过度重视文章段落大意、中心思想的讲解，导致阅读教学的目的并未真正实现。基于此，本文重点分析高中英语阅读教学中批判性阅读的策略。

一、批判性阅读概述

了解批判性阅读之前，首先应了解何为批判性。关于批判性的定义存在比较多的说法，不仅包含字典中的定义，更有众多学者形成的研究。例如，《牛津高阶英汉双解词典》中这样描述批判性：批判性是指公正、仔细地判断人或者事物的好与坏。而有学者表示，批判性的定义并不能联系先天的语言能力，但经后天培养后能够获得。批判性阅读应在批判性思维的基础上进行，是对阅读文本的高层次理解，其中既包含解释，又包含评价，便于读者对信息重要程度进行准确区分，同时，在理解文本的基础上挖掘其中的深层含义，形成自己的推论（此种推论具有逻辑性）。纵观多位学者对批判性及批判性阅读的描述，本文认为，所谓批判性阅读，并非指将阅读文本记忆下来，而是在阅读的过程中，通过问题、假设、分析，明确作者传达的观点、思想情感，并以自身知识为基础，经过加工，批判性地评价阅读材料，形成新的知识。

二、批判性阅读策略在高中英语阅读教学中的应用

（一）确定教学基本途径

培养学生批判性思维的最佳平台即课堂，因此，教师在此过程中具有十分重要的作用。要想在阅读教学过程中培养学生的批判性思维，首先自身要具备这种思维，积极转变自身的教学理念，将“探究”“批判”贯穿于整个教学活动中，发挥引导作用，促使学生逐渐树立批判性阅读的意识。在批判性阅读中，主体为学生，学生通过分析、判断与评价阅读材料，理解材料中的深层次含义，并内化为自身的知识，形成批判性阅读的能力。

（二）指导学生运用

明确高中英语阅读教学中应用批判性阅读策略的基本途径后，教师即可在实际教学中指导学生运用。目前，比较常用的批判性阅读策略包括六种。

1. 预览

所谓预览，是指正式教学前让学生熟悉、了解阅读文本，大致掌握文章基本内容、框架。教师指导学生预览时要注重文章中的标题、副标题、段首句、黑体字、插图等，以提升学生的预览能力。例如“*Festivals and Celebrations*”教学中，教师可引导学生对文章标题及首尾段快速预览，并提出相应的问题，帮助学生从整体上了解文章内容，然后观察文章中的插图，再提出相应的问题，由此，学生即可了解文章的大致结构及内容。

2. 评注

评注通常有两种：一种为将文章中重点的字、词、句标出，另一种为将生词解释、文章关键词、疑惑等写在文章空白处。学生评注的开展需要比较长的时间，但经亲自评注后，学生可深刻地记忆文本信息及相关词汇，同时可形成较为科学的阅读习惯。

3. 分析

学生理解阅读材料内容后，分析、质疑、评价文本内容的过程即属于批判性阅读过程。教师在开展阅读教学过程中，应注重引导学生分析字面信息下的深层含义，并做出推理、判断，掌握作者写作文章的真正目的。例如“*A Sad Love Story*”，文章的主要内容为一对恋人约会时，因将约会场所弄错而产生误会。教师组织学生阅读文章后，让学生总结文章中两个主人公的性格及自己的感受，之后让学生与其他同学交流。在此过程中，学生不仅可以更好地理

解文章内容，还可形成分析能力。

4. 提问

英语阅读教学过程中，教师分别于读前、读中及读后引导学生提出相应问题，发出质疑，之后再次阅读。教师应注重自身引导作用的发挥。

5. 预测

预测，也可称为猜测，教师组织学生阅读时，可让学生根据文章内容预测教师可能提出的问题，学生在预测过程中，需要充分利用已有知识、阅读信息，并经过判断形成预测结果。

6. 评价

评价是阅读过程中教师引导学生评价文章与作者。评价内容可以包含多个方面，如作者的写作目的、文章深层内容等。通过评价的科学开展，可以促使学生形成批判性思维，提升批判性阅读能力。需要注意的是，评价并非仅包含批评，认可、延伸、对比等均属于评价的一种。

在高中英语阅读教学中应用批判性阅读教学策略，可培养学生的批判意识及批判能力，使学生深层次理解文章内容，激发学生的思维，使学生形成科学的阅读习惯。

（2017年5月发表于国家级期刊《中学生英语》）

在高中英语词汇教学中词块理论的应用研究

英语语言系统的重要组成部分为词汇，词汇属于各项语言活动的基础。语言学习时，词汇所起的作用无可替代。词汇教学为高中英语教学中的一部分，目的在于提升学生的英语词汇掌握量，促使学生英语表达能力的提升。当前，高中英语词汇教学中仍存在一些问题，导致教学效果并不理想，降低了学生学习英语词汇的意愿。词块理论属于新型的教学理论，将其应用到高中英语词汇教学中，可以提升学生的学习效果，实现教学目标。

一、词块理论概述

近年来，语言学习及应用中越来越关注词块的作用，学术界早已普遍认可词块的重要作用。截至目前，众多学者尚未形成明确的词块定义，每个学者在阐述词块定义时，角度及侧重点均有所不同。有的学者认为，词块属于预制语言，使用过程中，细微加工之后形成的句子与语法即比较符合，而且语言比较流利，可对概念上的空白进行填充。也有学者指出，词块是词汇化句干。尽管各个学者给出的词块定义不同，但从其内涵来看具备一致性，即频繁地出现在语言、日常交流中，具有较为固定的形式、结构及意义，明确使用语境，其中包含多个词组，属于语言中的整体部分。每个学者在划分词汇时，具体的划分依据不同，词块包含的种类也存在差异。有的学者按照功能、结构词块将划分为六类，分别为聚合词、限制性短语、指示惯用语、句型框架、情景表达、原文片段；有的学者从结构角度出发，将词块划分为多元词组、习惯表达、短语结构、句子框架四种。此外，其他学者从不同的角度出发，将词块划分为多种类型。

二、词汇理论在高中英语词汇教学中的应用

1. 培养学生提取词块的意识

语言输出的过程即词块提取过程，教学时，教师应注重培养学生提取词块的意识，并指导学生采取相应的方法进行，提升学生的提取能力。提取词块时，可采取的方法有三种：第一，依据语法知识。词块不仅具备语义，也包含语法，教师为学生讲解单词时，可以改变以往独立教授的方法，而且将词汇放置在具体的语境中，通过引导学生理解语境及上下文获取词块，形成记忆。第二，依据固定句型。教师在讲解固定句型时，可以引导学生联系上下文，记忆句子中具有提示性作用的部分，从而实现整体的记忆，如it is for sb. to do sth.，其中，形式主语为it，动词不定式短语为真正主语，教师在教授此固定句型时，应引导学生以相应的单词填充句子，经过反复使用该句型，逐渐记忆词汇。第三，依据文章篇章结构，以具体的文章为背景，提取其中的词块，可将语言连续性提升，如提取表示因果联系的词块because of、表示总结的in a word等。

2. 母语与英语反复比对翻译策略

词块通常符合相应的语法结构，运用过程中，可以实现正确地使用语言，减少语法错误的发生，提高学生利用英语交流的能力。但在实际开展英语词汇教学时，受我国与英语系国家人文习惯、文化习俗等方面差异的影响，多数词语无法一一实现意义与表达对应，因此，在利用词块理论教学过程中，应反复比对英汉翻译，以便于准确地理解英语表达中的含义。例如，let sb. do sth.，利用该句型进行词汇教学时，教师向学生讲解英汉翻译之间的差异，并让学生自行比对，加深学生的理解。

3. 结合词块教学与激活扩散模型

所谓激活扩散模型，是指语义表征网络模型，属于心理语言学范畴。在激活扩散模型中，通过中介组织起概念，而发挥中介作用的语义相似性或相联系。对于不同的概念来说，联系形成的主要方法为共同特征数量，数量越多，概念间的联系越紧密，回忆时相互激活的难度就越低。在英语词汇教学过程中，将词块教学与激活扩散模型结合起来，可联系其相关概念，便于学生更好地理解和记忆词汇。

4. 利用多种手段练习运用词块

高中英语词汇教学中，要提取词块，目的在于运用，而运用的前提条件为内化，因此，教师还应注重词块的练习教学，促使学生将其内化为自身的知识，进而进行良好的运用。在进行词块练习时，教师应采取多种手段以提升学生的参与兴趣，如缺词填空法、词块复述课文法等，通过这些训练方法的运用，可加深学生对词汇的理解与记忆，进而使学生掌握相应的词汇。在进行“*Elias' Story*”教学时，教师可先组织学生阅读文章，之后让学生提取文章的词块，如aperiod of my life、begin school、one of my happiest days等，随后，教师按照文章主旨大意，设置短文，短文中词块部位设计成空白，让学生在给出的选项中选择恰当的词汇。通过此种练习，既可让学生掌握词汇，还可以提升学生的阅读能力。

高中英语词汇教学中应用词块理论，便于学生更好地理解与记忆英语词汇，并提升学生运用词块的能力，提高学生的英语表达能力。

（2017年4月发表于国家级期刊《中学生英语》）

高中英语教学中文化意识薄弱问题管窥研究

语言是文化的重要载体，高中英语教学属于语言类学科教学，在教学的过程中需要渗透文化意识，让学生在掌握英语基本知识的基础上学习英语文化知识，以此来提升英语的口语交际能力和应用能力。但需要注意的是，受到多方面因素的影响，我国高中英语教学还存在着文化意识薄弱的问题，降低了英语教学的有效性，这就需要教师积极转变观念，注重文化意识的培养，以此来保证教学目标的实现。

一、高中英语教学中文化意识薄弱问题的表现

1. 教材使用不灵活

当前高中英语教材编排注重文化知识和语言知识的融合，但实际成效并不明显，高中学生的跨文化交际能力往往达不到要求，文化误解情况时有发生。许多高中英语教师为了完成教学任务，往往会以教材内容顺序为基础按部就班地进行讲解，教材使用缺乏灵活性，不能挖掘教材中有内涵的文化内容，从而制约了文化教学效果的实现。教师虽然将文化教学作为教学目标之一，但文化教学的形式化现象也屡见不鲜，加之受应试教育及传统观念的影响，往往更加倾向于英语知识的讲解，而教材中呈现的文化内涵却草草带过。

2. 教学方法单一

许多高中英语教师的文化教学方法单一，大多是文化知识的讲解，难以激发学生对文化知识学习的兴趣，教学效果不好。文化是一个抽象的概念，单纯依靠教师讲解学生很难真正体会到什么是文化，也难以真正理解中西文化的差异性，不利于跨文化英语交际能力的提升。

3. 忽视文化差异

中西方自然环境、风俗习惯及文化语境都有一定的差异，高中生的思维方式和推理模式都是在中国文化和汉语语境下产生的，在学习英语的过程中，必然会受到中国文化的影响。而当前许多高中英语教师在教学的过程中往往忽视了文化差异。例如，politician的意思是“政客”，指的是为了追求权力而

不择手段的人，是贬义，而汉语中“政客”带有“政治家”的意思，不仅不含贬义，还有着一定的褒义。中西方文化的差异必然会给学生的理解带来影响，而当前许多教师却没有对这种文化差异积极重视起来，除非涉及考试考点和任务，否则都是匆匆带过，不会深入挖掘。这种忽视文化差异的现象不仅体现在教师身上，也体现在教材上。当前大多数高中英语教材缺乏对本土文化的渗透，学生往往体会不到英语对中国文化的表达，不能通过对比认识到中西方文化的差异，难以学以致用。

二、提升高中英语教学中文化意识的对策探讨

1. 正确理解文化，明确文化意识培养目标

上文提到，文化是一个综合性的概念，对于英语教学来说，可以将文化界定为特定人群的生活方式和行为模式产生的价值观念的协同，包括一个国家的文学艺术、行为规范、风土人情、地理、价值观念等各个方面，这与《普通高中英语课程标准（2017年版）》中的规定一致。教师应当深入理解文化，在此基础上分析语言与文化之间的关系，以《普通高中英语课程标准（2017年版）》和英语教材为基础进行文化意识目标的分解，划分重难点，以此来明确文化意识培养的方向。

例如，在*United Kingdom*这一课程的教学过程中，可以确定如下文化意识培养目标：①认识和了解英格兰、北爱尔兰及苏格兰等地区的文化特点；②利用多媒体技术，以视频和图片的方式展示英国名胜，图文并茂，让学生直观地感受异国文化特征；③让学生在特定语境交流过程中理解和甄别不同的表达方式，在确定文化意识培养目标的基础上，将跨文化语言交流知识融入英语教学。

2. 纠正传统观念，加强对文化教学的考查

加强对高中英语文化教学考查的目的是让教师积极重视文化教学，纠正传统的教学观念。受到教育体制的限制，在高考中全面考查学生听说读写的能力是不现实的，但可以在考试制度方面进行创新，如引入会考形式对学生听说能力进行考查，同时在单项选择题和阅读理解题中可以融入专门对英语文化知识的考查，将学生英语应用能力、考试及高中英语文化教学有机结合起来，提升教师对英语文化教学的重视，从而促进文化意识培养这一教学目标的实现。

3. 深入挖掘教材，提升英语文化教学水平

教师对教材的深度挖掘和开发直接关系到文化意识培养的效果。教材是学生学习英语的重要依据，同时也是传递文化的重要渠道，教师应当坚持以教材为中心，在课堂教学中二次开发教材，以教材中的文化因素来开展文化教学，促进文化意识的培养。在课堂上，文化通过生生之间及师生之间关于教材的对话来演绎和展现，教师通过对教材搭载的文化内容的挖掘来创设对话情境，以此来营造外国文化的交际氛围，从而实现对学生文化意识的有效培养。

以教材内容和教学要求为基础，教师可以利用文学作品、文化传授及文化对比等不同的方式开展教学活动，以*Festivals*为例，教师可采取文化对比的方式，在课前制定“中国春节与外国圣诞节的异同”等相关不同文化背景下节日庆祝方式的研究课题，在课堂上指导学生整理收集的资料，并开展小组讨论活动。最后教师可以同构引导和总结并透过节日的差异阐述中西方文化的差异，以此来唤起学生对文化差异的学习兴趣，给学生带来良好的文化学习体验。

4. 完善文化结构，提升教师基本文化素养

教师是教学活动的重要引导者、督促者和协调者，而对于文化教学来说，教师更扮演着文化情境创设者的角色。在培养学生文化意识的过程中，教师首先需要具备文化学习的意识、精神和能力，主动体会英语中所搭载的文化意识，形成切身感悟，以此来完善自身的文化结构，提升自身的基本文化素质，只有这样才能更好地开展文化教学。

教师文化结构的完善和文化素养的养成是一个长期学习和努力的过程，需要不断地探索和挖掘。尤其对于高中词汇教学来说，许多教师往往重视语篇的支持而忽略了挖掘词汇背后的文化内涵，这不利于教师自身文化结构的完善和文化素养的提升。以单词napkin为例，在词典中的解释有“餐巾”“尿布”“常用纸制品”及“餐巾纸”等意思，但常用于“餐巾”，英国人时常会用napkin来代表婴儿的尿布，用table napkin来表示区别，教师虽然不用对每一个词汇的用法和意思都进行如此透彻的解释，但作为高中英语教师，需要探索和挖掘词汇背后的文化意义，只有这样长期在教学实践中进行学习和探索，才能够真正实现自身文化结构的完善和文化素养的提升，才能够胜任高中英语教学中“文化情境构建者”这一角色，从而实现对学生文化意识的有效培养。

三、结论

文化理解、文化知识、跨文化交际的意识和能力都属于文化意识的范畴，《普通高中英语课程标准（2017年版）》提出，要进一步提升文化行动能力，注重人文性和工具性。这就需要积极提升高中英语教学中的文化意识，但就目前来看，我国高中英语教学中还存在着文化意识薄弱的问题。要提升文化意识，应当注重对文化意识的考查，教师则需要树立正确的文化观念，积极提升自身的文化素养，善于利用和挖掘教材中的文化内容。

参考文献

[1] 孙佳，马向前. 高中英语教学学生文化意识薄弱的原因分析［J］. 中华少年，2016（17）：52–53.

[2] 吴京良. 基于高中英语教学中文化意识薄弱问题的几点思考［J］. 中学生英语（高中版），2014（30）：83.

[3] 陈芳芳. 高中英语教学中的“中国文化失语”研究［D］. 成都：四川师范大学，2014.

[4] 刘昕卓. 浅谈如何解决高中英语教学中文化意识薄弱问题［J］. 中国校外教育，2013（14）：79.

（2017年3月发表于国家级期刊《生活教育》）

“学案导学小组合作”教学模式下的高三英语试卷讲评课的实践和思考

进入高三，师生都面临时间紧、任务重的问题，如何打造高效课堂是需要我们认真思考的问题。在高三英语讲评课中，通过“学案导学，合作探究，教师点拨”的形式，即运用“学案导学”与“小组合作”相结合的教学方式是提高课堂效率的一种有效手段。

一、高三试卷讲评课的特点

1. 试卷讲评的时效性

考试后何时讲评试卷才能取得最佳效益呢？实践证明，试卷的讲评应放在测试后未上新课之前。原因有二：第一，就学生而言，考试时其思维最集中、最活跃，此时他们对于试卷所考查的知识点是非常熟悉的，而测试后他们不仅急于知道分数，更急于知道正确答案，求知欲极强；第二，对教师来说，刚阅完卷，对学生存在的问题了如指掌，因而此时讲评必然事半功倍。

2. 制定学案导学的针对性

试卷的讲评要注重效果。在复习考试中，每一次考试都要明确以下内容，即考查的内容是什么，在《高考说明》中做何要求，涉及教材的哪些知识点，并将试卷所出现的重难点和易错点进行梳理，归纳拓展。教师只有对这些方面做到心中有数，在讲评时才能使学生的知识得以巩固、扩展和提高，使讲评成为一次收获、一次知识的巩固、一次知识的更新。

3. 进行小组分工的合理性

将全班按照英语成绩以前后4人一组分组，并由成绩优异的学生担任组长，负责小组合作讨论结果的汇报和小组内所提出问题的答疑解惑。

4. 合作探究的实效性

按照高考英语各个题型，分别给学生一定的讨论时间，让他们充分讨论。小组内学生的英语水平参差不齐，要求小组成员重点讨论共同出错的试题。个别学生尤其基础差的学生要求他们在课前做好自查自纠准备，同时各小组根据学案有重点地讨论。考试后，学生常叽叽喳喳、七嘴八舌地争论不休，这对我们有何启示呢？显而易见，在争辩中理解的知识印象是最深刻的。所以，讲评时教师可站在学生的角度，利用学生的争论，启发、引导学生自评，这样既可体现以学生为主体的思想，又可激发学生的兴趣，活跃课堂气氛，提高讲评的效果。

5. 教师点拨的重要性

讨论结束，要求4～5个小组组长将本组内有疑惑的问题进行展示，教师根据汇报的结果，有重点地点拨。

依据学案，作为教师应围绕以下五方面做好点拨：

（1）查根究底：试卷的讲评不仅要使学生知道正确的答案，更重要的是让学生懂得正确与错误的原因。如在选择题的训练中，不仅要使学生知道正确的选项，更应让学生明白不选其他各项的原因。

（2）联想迁移：试卷讲评的重点是培养学生举一反三、触类旁通的能力。因此，教师在讲评时应对试题做到从不同角度、不同层次、不同变化形式进行分析评讲，达到培养学生联想迁移之目的。

（3）拓展升华：讲评时，教师可针对一些重要的知识点引申出相关的知识点，使学生的知识得到拓展、加深。

（4）深化反刍：为了切实提高讲评效果，必须让学生及时消化讲评内容。通过消化，使学生更加牢固地掌握所学知识。每次讲评后，要求学生对错题加以订正，做好错误记录，建立错误档案，收录自己做错的题目，并注明正确答案及解题思路，以便学生在下次考试前有的放矢，及时复习。

（5）解题方法和技巧的指导："最有价值的知识是关于方法的知识"，这是古人及当今许多学者的共识。教师讲评试卷的关键是把解题思路、方法、技巧教给学生。

师生教与学的观念是制约小组合作教学模式在试卷讲评中得以运用的主要因素。

二、在高三试卷讲评课中运用小组合作教学模式的优势

1. 培养学生的学习能力

高三考试频繁，如果不采取有效的教学手段，教学任务很难完成，学生成绩很难提高。作为教师应根据近年高考英语试卷"定位语篇，强调运用，注重交际"的命题特点，从知识的系统性、语用角度、语篇结构、交际功能方面着手，以试卷为载体进行讲评。

2. 小组合作学习有助于因材施教

以小组合作为基本特征的学习方式是解决班级学生学科成绩参差不齐的有效方式。通过小组合作学习，能够使各个层次的学生在课堂教学中均有收获。

3. 小组合作学习有助于学生英语学科素养的全面发展

以学案导学为依据，高三英语试卷讲评课中运用小组合作教学模式是提高教学质量的有效方式，也是在新课改中推行高效课堂的有效手段。

参考文献

[1] 庞维国. 自主学习——学与教的原理和策略 [M]. 上海：华东师范大学出版社，2003.

[2] 任长松. 课程的反思与重建——我们需要什么样的课程观 [M]. 北京：北京大学出版社，2002.

[3] 人民教育出版社课程教材研究所英语课程教材研究开发中心. 普通高中课程标准实验教科书英语必修一 [M]. 北京：人民教育出版社，2004.

[4] 林立，王之江. 合作学习在英语教学中的应用 [M]. 北京：首都师范大学出版社，2005.

[5] 刘道义. 高中英语教师教学用书 [M]. 北京：人民教育出版社，2006.

（2015年发表于国家级期刊《课程教育研究》）

普通高中班级管理柔性化改革策略的分析

在高中班级的管理过程中，柔性化管理可避免刚性管理产生的不足，适应高中生的心理发展特点，形成良好的师生关系，提高班集体的凝聚力。因此，教师应不断提高自身的管理素质，优化柔性管理方案，促进学生身心发展。

一、普通高中班级管理柔性化的意义

1. 有利于提高班级凝聚力

在以往刚性管理的方式下，虽然班级管理秩序较好，但是没有充分关注学生的心理感受，硬性要求学生做不喜欢的事情，缺乏合理的情感激励，不利于学生对教师工作的理解，从而使学生在班级内没有归属感。使用柔性化管理方式，教师能利用更多时间了解学生内心的想法，充分根据学生特点，按照其差异性进行差异化管理，使其更好地配合班级的管理工作，促进班级整体发展。

2. 符合高中生的心理发育特点

由于高中生的世界观还没有完全形成，而且处于青春期阶段，情绪波动较为明显。教师在管理过程中，采取柔性化管理符合学生的心理发育特点，同时保护其自尊心，以课下交谈的方式对其思想进行积极引导，促使其以正确的心态面对实际问题。

3. 高中生的学业压力较大

严苛的管理方式不利于学生的心理发展，同时学生情感上的需求没有被重视，导致学生产生被忽视的感觉。此时，通过柔性化的管理方式能够充分了解学生的情感需求，及时对学生进行情感上的激励，规范学生的行为，引导其思想，促进师生关系的良性发展。

二、普通高中班级管理柔性化改革策略

1. 提高管理者的柔性化管理素质

班级管理者对柔性化管理的理解是班级管理制度改革的关键所在，同时也是做好班级管理工作的重点。只有管理者对柔性化管理有明确的认识，并且知道这种管理方式能为班级的管理工作带来效果，才能在实际的管理工作中采取更好的柔性化管理策略。对此，要求管理者首先提高自身的管理素质，不断更新自身的管理理念，以新的管理方式做好班级的柔性化管理工作，以自身行为为学生树立典范。教师改变原来高高在上的态度，和学生之间进行更多的交流，培养和学生之间的感情，这样学生自然会理解教师，并愿意配合其班级管理工作，与教师共同努力，共同建立更和谐的班集体。

例如，当前高中生的作业量较大，学生学习压力大，此时，教师应针对学生日常的课堂表现以及作业完成情况，与学生进行沟通，通过与学生的沟通，为成绩水平不同的学生制定分层的作业任务，确保学生每天的作业量合理，学生能自主完成。如果作业量超过了学生的能力水平，可以适当选择完成。与此同时，还应制定相应的处罚措施：当学生不能完成特定的作业任务时，或者出现抄袭他人作业的情况，应对其进行处罚；若作业完成质量较好，可以适当奖励。使用刚柔并济的管理方式，可激励学生按时完成每日作业任务，促进学生之间互相监督，进而提高学习效率。

2. 不断加强对学生的思想教育

对于高中班级的柔性化管理的改革，要求教师对学生有博爱之情，绝不能根据学生的成绩差异对其区别对待。在柔性化的管理改革过程中，应充分了解学生的基本情况，如学生的性格特点、学习能力、学习状态等，针对其在学习过程中的实际状态，对其产生问题的原因进行分析，不断加强对学生的思想教育，促进其掌握有效的学习方法。在此过程中，应采取柔性的课下沟通方式，保护学生的自尊心，促使其以积极的态度面对学习。

高中生正处于青春期，叛逆心理较强，同时世界观还没有完全形成，在此阶段很可能出现早恋现象。如果班级出现此种情况，教师应注意管理方式。如果只采取刚性的打压方式，会激起学生的逆反心理，出现"不服管"的现象。此时，教师应采取柔性化的管理方式，课下和其沟通，并对其进行正确的思想引导，使其明确在这个时期产生喜欢他人的想法是正常的现象，但是学生时期的重点工作是学习，应该和同学以正常心态相处，将这种喜欢转化成学习的动力，让自己变得更优秀，和喜欢的人共同进步，引导学生形成正确的世界观，从而促使其将更多的精力放到学习上。

3. 柔性激励提高班级凝聚力

在班级柔性化管理改革过程中，教师应将学生的一切放在心中，充分关心学生在生活和学习中面临的问题，同时关注学生在情感方面的需要，使用柔性的情感激励，正确引导学生的行为，从而提高班集体的凝聚力。

例如，高中生都渴望被尊重、理解，在情感方面希望得到教师的认同，对此，教师在平时的管理工作中应不断和学生沟通，以便了解其心中真实的想法，充分关心其心理感受，不断发现其在生活和学习中面临的问题，并采取有效的方式帮助其解决问题。在此过程中要充分关注学生的情感需求，如果学生的利益受到损害，要大胆直言，敢于保护学生权益，同时学生在其他方面表现优异时，应对其进行表扬，促使学生以更积极的态度表现自己。因此，在柔性化管理改革过程中，教师要不断加强对学生的关注，了解其情感需求，使用柔性的激励方式，促使学生更好地表现自己，增强学生的班级归属感，提高班集体的凝聚力。

4. 柔性化班级管理手段

教师的管理效果取决于管理手段和管理内容，这两个环节哪一个出现了差错，都会降低总体的管理效果。所以，教师在管理班级的过程中一定要根据学生现阶段的性格特征创新管理手段。教师可以从以下四个方面创新柔性管理手段：

一是管理班级时的批评。俗话说："良药苦口利于病，忠言逆耳利于行。"高中生的责任心和自尊心较强，过度的批评会使学生产生逆反心理，与教师形成对立面。所以，教师应该将批评的方式进行改善，突出柔性化，让学生在批评中反思自身的行为时，感受到教师的温暖。例如，当高中生发生了严重违反学校纪律规范的行为，教师先要对学生采用适当的语言进行严厉的批评，批评过后应该与学生心平气和地交谈，让学生知道犯错误的原因和问题的严重性，给学生留下一个美好的结尾；不要采用"如果下次再这样，我就找你家长""下次再犯错咱们新账旧账一起算"这样的语言进行教育。

二是沟通的柔性化管理。在管理班级的过程中，经常会出现这种情况：教师的积极性很高，对学生要求非常严格，但学生处于被动状态，厌学心理较强。这种环境下的师生关系过于紧张，容易发生各种各样的冲突。产生这种情况的原因是教师与学生间的沟通存在问题。因此，教师必须改变自身的交流方式，与学生像朋友一样谈心，鼓励学生对自身的教学不足进行评价，以积极的心态去收集学生的意见，真正拉近学生与教师之间的距离。例如，教师可以利用微信、QQ等多媒体平台建立沟通群，鼓励学生在群组中进行交流，并且不限制交流的内容，只要是正向的即可：可以是自己喜欢的明星，自己喜欢听的歌曲或者讨论电视剧的情节，等等。教师要参与学生之间的交流，改善学生对教师固有的观念，获得良好的沟通效果。

三是弹性化管理班级。高中生的班级管理与小学和初中不同，不能再采用较严格的管理制度，就像放风筝一样，不能一直放或者一直收，一收一拉才能够让风筝飞得更远。因此，教师应该将没有妥协余地的管理内容严格要求，如学生的学习时间和课堂纪律等，这些是班级风气及文化的体现，必须要严格执行。但对于一些小的细节，教师可以适量放宽要求，重视学生的想法，让班级干部自主进行管理，如班会的节目、学校校庆的节目及运动会的参与项目等。

四是情感化管理班级。这种方法就是从教师的情感出发，发出各种信号，提升班级成员的感情，发挥学生的能力，优化学习效率。人的一生都与情感有关，情感化管理能够真实地反映人对事物的想法和行为。因此，教师要从情感出发，用情感来激励学生敞开心扉，锻炼学生各方面的能力，继而使其学会应对生活和学习中的各种难题。例如，教师可以利用课前三分钟，每天让学生背诵一句名言，感悟名人的思想内涵，长此以往，学生在强烈的名人名言氛围的熏陶下，优化了自身的思想，强化了柔性化班级管理的效果。

三、结语

综上所述，柔性化管理方式对高中班级管理具有重要意义，因此，在对管理方式改革的过程中，教师应通过提高自身的柔性化管理素质，以柔性激励提高班级凝聚力，提高班级管理水平。

参考文献

［1］王鹏. 高中班级管理模式创新与新型学习共同体构建［J］. 学周刊，2017（25）：173–174.

［2］邬学敏. 基于“无为而治”思想的中学班级管理模式探究［D］. 宁波：宁波大学，2017.

［3］孙群力. 普通高中班级管理柔性化改革策略研究［J］. 课程教育研究，2017（4）：174–175.

（作者：张吉松、庞宏伟，2019年5月发表于国家级期刊《教育》）

第五章

创新助推团委工作

只有不断地创新团委工作思路，搭建活动平台，才能更好地深入贯彻习近平新时代中国特色社会主义思想，引领全校团员青年践行社会主义核心价值观，培育有理想、有本领、有担当的时代新人。

思路创新，与时俱进

新时代，作为一名团务工作者，如何以团的先进性教育为基础，促进青年成长成才；以工作创新为出发点，竭诚服务青年，与时俱进，不断寻求创新，以适应环境的改变，成为团委工作深入探讨的话题。

要做好共青团工作，真正发挥共青团工作的重要作用，首先就要在思想上和工作上与党保持高度一致。团委在开展各项工作时要从大处着眼、从小处着手，思想意识要从政治的角度出发。党的领导是共青团工作健康发展的根本保证，以党的指导思想为行动指南，以党的中心任务为光荣使命，始终在思想上、政治上、行动上与党中央保持高度一致。共青团工作是一个朝气蓬勃、常干常新的事业，不同的历史时期，不同的发展阶段都有不同的内容和方式方法。因此，团委工作必须不断推陈出新，才能迎合时代的发展，才能为青年所接受。如何通过创新发展来确保团委工作的活力？首先，要经常开展主题鲜明的创新活动。新形势下，应坚持以正面宣传教育为主，依托团的组织优势，抓住各种重大契机，活用各类主题教育实践活动载体，寓引导于工作之中，探索创新基层团组织开展经常性思想引导工作的有效机制，切实打牢工作基础。其次，要围绕学习、生活、工作开展各种行之有效的载体活动。在日常团务工作中，除了提高自身的素质外还要做到主动适应新形势，坚持“以特色求生存，以创新求发展”的工作思路；必须做到与时俱进，在继承中创新，才能把工作开展得朝气蓬勃、扎实有效（这是共青团工作富有生机活力的源泉）。

平台搭建，立德树人

党的十九大报告指出，要全面贯彻党的教育方针，落实立德树人根本任务，发展素质教育。近年来，我校团委放眼高中三年，整体规划，立足我校实际，以担当教育为抓手，为每一届学生组织五项重大活动。总体思路：高一上学期，举行“中国梦，我的梦”担当教育班级合唱比赛；高一下学期，以感恩父母为主题，举行“弘扬传统美德，争做时代新人”感恩教育演讲比赛；高二上学期，以感恩老师和感恩祖国为主题，举行“感恩于心，担当于行”担当教育演讲比赛；高二下学期，举行“青春心向党·建功新时代”担当教育演讲比赛；高三上学期，举行“担当责任，追求卓越”十八岁成人仪式。

一、“中国梦，我的梦”担当教育班级合唱比赛

为喜迎国庆节，丰富校园文化生活，以担当教育引领学生成长，更好地展现我校学生优良的精神风貌，进一步落实我校“感恩践行，立德树人，勇于担当，志于大任”的育人理念，以“感恩祖国”“感恩社会”“感恩党”为主题举办班级合唱比赛，培养学生的爱国主义情怀，更好地增强班级的凝聚力，使学生以更加饱满的精神状态实现“我的梦”，坚定为实现中国梦奋发图强的信念。

二、“弘扬传统美德，争做时代新人”感恩教育演讲比赛

我校通过感恩教育演讲比赛弘扬五四精神和中华传统美德，培养学生的担当情怀，同时落实我校“感恩于心，担当于行”的育人理念。“孝老敬老”是中华民族的传统美德，是先辈传承下来的宝贵精神财富，我校将“孝亲敬老”作为学校德育内容的有效载体。以“感恩父母”为主题，要求每位学生进一步体验父母对自己的爱，更加理解父母，关心父母，热爱父母，有一颗感恩父母的心；要求每位学生增强感恩父母的意识，知晓知恩图报的重要性，从而

激励每位学生努力进取，争做有理想、有本领、有担当的时代新人。

三、“感恩于心，担当于行”担当教育演讲比赛

活动内容和目的：演讲比赛分“感恩老师”和“感恩祖国”两个主题。以“感恩老师”为主题，把对老师的感恩之情化为强烈的责任感，并付诸学习生活和服务社会的实际行动中，增强学生感恩老师的意识；以“感恩祖国”为主题，将伟大的中国美内化为学生的感恩祖国的行动，将青春的梦想转化为励志的行动，从现在起，从点滴做起，明确奋斗目标，激励斗志，掀起学习高潮，以自己的实际行动努力进取，为回报社会、回报祖国奠定基础。

四、“青春心向党·建功新时代”担当教育演讲比赛

为激励和引领广大青少年大力弘扬以爱国主义为核心的伟大民族精神，进一步增强“四个意识”，坚定“四个自信”，演讲比赛以“青春心向党·建功新时代”为主题，让学生提前树立高三意识，激发学习激情，吹响进入高三的号角，将青春的梦想转化为励志的具体行动，从而培养学生的担当情怀和担当本领，进一步增强学生的爱国主义情怀。通过演讲比赛，学生意识到学习的紧迫性和重要性，为自己能够生活在伟大的新时代而自豪。他们纷纷表示从现在起掀起学习高潮；不忘初心跟党走，牢记使命建新功。

五、“担当责任，追求卓越”十八岁成人仪式

为进一步落实我校“感恩践行，立德树人，勇于担当，志于大任”的育人理念，以高三学生年满十八周岁为契机，开展十八岁成人礼，使学生树立起强烈的公民意识，加强成人教育，激发学生成人的神圣感、使命感，增强学生成人后的社会责任感；让学生充分意识到跨入十八岁成人行列的意义，体现学校、教师、家长对青少年即将跨入社会的关心、爱护、祈愿、期望；激发学生的学习热情，使其立志健康成长，帮助青少年健康地步入成人社会，树立正确的道德观、人生观、价值观，让青少年懂得服务他人，奉献社会，真正成长为一名社会主义现代化建设的有用人才。

立德　立魂　立身

——浅谈普通高中如何开展“三项活动”

党的十八大报告明确提出：“把立德树人作为教育的根本任务，培养德智体美全面发展的社会主义建设者和接班人。”这是从全局和战略高度对教育工作提出的明确要求。“立德树人”，要坚持德育为先，通过正面的教育来引导人、感化人、激励人；在传授基础知识、基本技能的同时，突出社会主义核心价值体系，规范人、要求人、提高人。教育承担着教书育人的神圣使命，尤其是高中阶段是人生成长的关键期，学习时间紧，任务重，升学就业压力大，面对多元文化的信息时代，心智仍不成熟的高中生缺乏对客观事物较为深入的了解和把握，缺乏自身较为完善的道德、价值观念，缺乏较为准确的判断、甄别能力，容易受到表象的诱惑，进而影响自身的健康成长。通过感恩教育，可以增强学生的感恩意识，促进学生正确的世界观、人生观、价值观的形成，为学生立德；诗歌诵读有利于丰富学生的精神世界，提高学生的文化涵养，培养学生的健全人格，激发学生的爱国情感，传承中华文化基因，为学生立魂；才艺展示有利于学生全面发展和张扬个性，是培养学生实践能力和合格接班人的需要，学习掌握才艺为学生立身。“三项活动”相得益彰，意义重大。因此，高中阶段加强学生的思想道德建设至关重要，而“三项活动”的开展是一个有效途径。

一、感恩教育，健康成长——立德

中华民族是个懂得感恩的民族，自古就有“饮水思源，知恩图报”“羊羔跪乳，乌鸦反哺”“谁言寸草心，报得三春晖”的优良传统。然而，近年来，随着独生子女的增多以及父母等长辈对孩子的娇生惯养，许多家长在对孩子的培养上，往往只重视孩子的智力开发，而忽略了对孩子的品德教育。学生知恩、感恩、报恩的意识日趋淡薄的现象凸显，有的甚至完全丧失，由此引发的社会不良后果令人担忧。感恩观念的缺失已成为青少年健康成长中的突出问题，必须引起社会的广泛关注。感恩教育有助于培养青少年学生报答社会的意识，有助于营造知恩报恩的良好社会风气。开展感恩教育活动要力求实效，我们学校主要遵循以下四个原则。

1. 循序渐进原则，从培养学生的感恩意识开始

感恩品质的培养作为一种塑造人格的教育内容，不可能一蹴而就，应当从大处着眼，从小处着手，从感恩身边的人抓起。试想一个人如果不爱父母，不爱自己，不爱周围的同学、朋友，那他怎么能够爱国、爱党、爱社会主义。我们一直注重发挥身边素材的作用，努力挖掘校园内的“感恩点”，如评选“感动班级、校园人物”，让学生觉得感动就在身边，好人好事就在身边，社会召唤好人好事，努力营造和谐、融洽的校园人文氛围；开展感恩父母、老师、同学等一系列活动，让学生了解父母、老师的辛苦和不易，了解身边同学给自己的帮助，明白个人的成长离不开他人的关怀与相助，从而唤醒学生的感恩意识。

2. 循循善诱原则，从感觉感动入手，在感悟上下功夫

感恩意识的培养不能简单生硬，应从学生的生活实际出发。结合高中生的年龄特点及认知能力，引导学生回顾最让自己感动的一件事或一个人，让学生写经过、谈感受并与全班同学乃至全校同学分享；让学生在体验与参与中换位思考，从学生思想感情深处入手，从平凡人身上发现不平凡的事、不平凡的品质，让学生体会“有恩于人”“知恩图报”的重要性，人人争当别人人生道路上的“贵人”。

3. 系统全面、立意高远原则，从一系列感恩活动入手

感恩内容要健康向上，培养学生的健全品格。因此必须立足学生发展和社会需要。为此我们开展了感恩父母、老师、自然、祖国和党的一系列活动。感恩父母活动，通过算时间账、金钱账、感情账，体会父母的苦心，感悟父母的养育之恩，使学生明白勤奋学习是对父母最大的回报；感恩老师活动在教师节期间开展，让学生了解老师备课、上课、带孩子、赡养父母的辛苦，使学生懂得努力学习才是对老师最大的感恩；感恩自然活动，让学生懂得自然界是我们的衣食之源，爱护自然就是爱护我们的家园，顺应自然、保护自然是我们义不容辞的责任，是建设生态文明、美丽中国的需要；感恩祖国和党的活动，在国庆节期间开展，让学生观看汶川地震、玉树地震的抗震救灾资料，观看利比亚撤侨、亚丁湾护航，调查村中的五保户，观看每年一次的“感动中国人物”评选，明白没有国就没有家，国家是我们的坚强后盾，让学生感到生活在这个社会环境是幸福的，生活在这个国家是幸福的，而幸福的源泉就是有党的正确领导，爱党是幸福之源，爱国就是爱我们的家，爱我们的母亲。通过系统全面的感恩教育活动引领学生正确处理“人与自我、人与社会、人与自然”的关系，塑造学生健全完美的人格。

4. 评价激励原则，建立长效机制

感恩品质作为衡量一个人品德的重要标准，也必须引领激励，否则学生就没有方向，没有成就感。为将评价落到实处，我们将感恩作为高中基础素养评价的重要内容。学校要求每学期对每位学生进行自我评价、学生互相评价、家长评价、教师评价及班主任评价，计入学生成长档案。对表现优异的学生予以表彰，树典型；对表现不好的学生，鞭策改进。人人争做感恩标兵，形成良好的感恩氛围。

二、诗性教育，文化育人——立魂

今天的学生处在沉重的升学、就业压力下，他们的意识中缺失了纯真，没有了童话，没有了对生命一往情深的呵护，没有了对人生的美好憧憬与向往。在这个追逐功利、浮躁喧嚣的社会，建设书香校园、抓好诗性教育、诵读经典美文，引领学生在繁重的学习之余仰望诗意的天空，接受传统文化的熏陶，不仅是掌握文化知识，更重要的是一种人文关怀，更是一种“至真、至诚、至善、至美”的价值追求。胡锦涛说，文化是民族的血脉，是人民的精神家园。诗歌作为感受中华文化的独特魅力与迷人风采的有效形式，是关注心灵、关注情感、关注生命的人文教育。

1. 挖掘中华诗词内涵，培养志趣，传承文化基因

组织语文教师根据高中各年级学生的不同特点编辑相应的教材，并以此为载体，开发相关课题，按照诗词的内涵，分为爱国、思乡、励志、怡情、气节、奋斗等专题设置课程，从感知诗词的韵律美、艺术美升华为感悟诗词的文化美、思想美。利用早读、晚读等时间进行诵读。诵读经典，让学生在琅琅书声中情感受到陶冶，灵魂得到升华。从原有的兴趣培养，乐趣的形成，最终培养为学生的志趣，丰富学生的精神世界，提高学生的文化涵养，让中华文明的基因在学生身上传承。

2. 开展系列主题活动，参与体验，感悟文化精髓

诗性教育是一种以浸润和体验为特征的教育。高中阶段的学生在义务教育阶段已经背诵了大量的诗词，他们缺失的主要是感悟，我们的做法主要是在语文教师的引领下让学生把受到的“浸润、体验”写出来。重点在体验感悟上下功夫，从已背诵的诗词中悟出道理、悟出哲理、悟出真善美，让学生在品味、体会当中潜移默化地受到传统文化精髓之熏陶。在老师的引导下，学生成立了诗歌社、文学社等学生社团，定期开展诗歌鉴赏、诗文诵读等活动。通过每年4月举办的“诗歌节”和10月的“艺术节”，把全校师生“诵读经典、展示风采，欣赏经典、感悟人生”的热情激发出来，使师生体验诗歌的“本真、唯美与超然”，建设诗意校园，铸就精神家园。

三、才艺教育，成功成才——立身

高中阶段发掘才艺很重要，才艺是学生的立身之本，也是学生职业规划的源头，它对学生以后的升学就业和职业发展及生活十分重要。学校要树立为学生终身发展负责的教育观，努力办适合每位学生发展的教育，为学生的成长创造条件。鉴于此，我们结合高中学生的实际从以下三个方面发掘学生才艺，帮助他们成功成才。

1. 搭建平台，学有所用

成立学生社团，丰富社团活动内容。学生社团活动是校园文化建设的主要载体，是实施素质教育的有效途径，是学校第二课堂的引领者。为此，我校成立了专门的“学生社团活动中心”，给学生提供了社团活动专用教室；成立了文学社、诗歌社、武术社、健美操社等各个社团，百花齐发，生机勃勃。社团活动不仅为学生提供了一个展示自我、发掘自我潜能、促进交流的平台，还为他们的学习和生活注入了新的活力。学校每年还定期开展艺术节、体育节、读书节、科技节等活动，如主持人大赛、机器人大赛等，这些活动的开展，为学生的特长展示搭建了舞台，增强了团队凝聚力和集体荣誉感，提升了校园文化内涵。

2. 校本课程，学有所依

按照国家课程标准，以开发校本教材的形式充分挖掘体育与健康、技术、艺术、综合实践活动四个领域的课程，为学生成才创造条件。为此，学校组建了综合教学部，由教导处直管。每个学科领域均采用工作室制度，每位教师负责一个主题或模块，其他教师共同参与设计和指导。学校加大了综合实践活动课程的实施力度，在研究性学习课程的实施中，注重学生自主课题和研究成果的展示；充分利用我县沿海及冬枣等资源，开展一系列社会实践活动，加强学生动口、动手、动脑能力的训练，培养了学生的综合素质。

3. 增加设备，学有场所

学校增加了功能教室及相应设备，增添了艺体设施，添置了多种器械，为艺体选项分项教学及学生社团活动的开展和学生才艺展示提供场所；加大现代化教学设备的投入并建设多种实验室，补充实验器材和药品，满足学生的不同需求，使每个学生都可以亲自动手做各种实验，提高他们的学习实践能力；建设“花园式”校园环境，增强育人功效等。

“三项活动”的开展是培养社会主义核心价值体系的要求，是全面实施素质教育的需要，是学校德育工作的切入点，更是学校德育工作的有效载体。同时“三项活动”的开展要根据学生的心理特点，遵循学生的认知规律和道德形成规律有效进行。如何开展好“三项活动”是今后需要我们长期实践探索、完善的课题。我们坚信，只要把立德树人作为教育的根本任务，踏踏实实地开展下去，“三项活动”的硕果必将挂满学校素质教育的枝头！

（本文是2013年11月学校团委根据滨州市关工委要求，在“普通高中如何开展三项活动”的调研材料基础上撰写的，也是对我校团队活动开展的阶段性总结）

创感恩特色团委，立德才兼备栋梁

——滨州市沾化区第二中学团委工作汇报材料

尊敬的各位领导、各位同人：

大家好！我是来自滨州市沾化区第二中学的张吉松，担任学校团委书记近四年，现在我还担任高二两个实验班的英语教学工作和班主任工作，同时担任高二英语备课组组长，协助高二年级抓理科级部工作。告诉大家我担任的这些职务，是为了和大家说明两个问题：一是我的自由时间很少，很累，当然，也说明我很能干；二是我知道班主任、年级主任以及同学们对于我制定的活动方案，他们在想什么，他们又需要什么。今天，我发言的题目是“创感恩特色团委，立德才兼备栋梁”。作为仍然在高中教学一线从事团委工作的一员，我深切地感受到高中团委开展的各项工作不能仅仅注重形式，更要注重活动内容；不能为搞活动而举行活动，开展的所有活动最终的落脚点是为教学服务的，是以激发学生的学习热情、提高教学质量为目标的。毕竟高中阶段面临高考压力，时间紧、学习任务重。因此，作为中学团委书记，我认为，学校团委的各项工作在认真贯彻落实好上级团委的各项工作要求的同时，还要考虑高中阶段的实际情况，要学会理解学校领导的意图，争取各科室、各级部的大力支持，从而找到学校团委工作的切入点，这样做工作才会有实效，才能接地气。下面，我向大家汇报一下我担任团委书记四年来的一些工作情况和体会。

一、创新工作思路，明确团委工作目标

我校团委确立了“感恩践行，立德树人，勇于担当，志于大任”的工作思路，用“感恩”和“担当”文化引领学生全面发展，培养具有感恩意识、有担当的高中生；为学生搭建各种活动平台，以班级文化建设为抓手，学校团委将各项活动的量化成绩统一纳入班级文化建设考评，作为学期先进文化班集

体、优秀团干部、优秀团员及新团员名额分配的重要依据；同时，加强团队组织建设，建立健全各项规章制度，加强团干部和学校社团队伍建设，提升执行力，将团委各项工作落到实处。

二、创立特色品牌，使感恩教育落地生根

我校将感恩教育课程化、序列化、制度化，扎实开展，已逐渐成为师生的一种生活态度与价值取向。

1. 感恩教育课程化

2013年4月编辑出版校本教材《感恩立德》，由北京教育出版社出版。书中共有八个篇章：感恩父母、感恩老师、感恩同学、感恩母校、感恩自然、感恩社会、感恩家乡、感恩祖国。按照每章的主题，设计了名言警句、故事链接、社会聚焦、教学设计、实践活动、感恩心得、美文欣赏、调研报告、学习楷模等不同的板块。2015年10月，编辑出版了学生刊物《追梦》，以后每学期出版一期。

2. 感恩教育序列化

开展感恩老师教育活动（“感谢师恩，争当优秀学子”诗文朗诵会或者演讲比赛）、感恩祖国教育活动（“中国梦，我的梦”感恩祖国演讲比赛）、感恩家乡教育活动（社会调查研究报告）、感恩母校教育活动（“梦想墙”活动）、感恩社会教育活动（主题黑板报）、感恩同学教育活动（主题班会）、感恩父母教育活动（演讲比赛）、感恩自然教育活动（摄影比赛）。

3. 感恩教育制度化

学校出台了感恩活动考评细则并纳入班级量化考核。

三、创设展示舞台，有效开展校园活动

我校团委认真贯彻上级团委的工作要求，紧紧把握时代脉搏，贴近学生团员思想实际，选择载体，搭建舞台，充分利用周一国旗下的讲话、演讲比赛、宣传栏、广播站、团课等有效形式，加强对学生进行思想教育。同时学校团委注重开展丰富多彩的文娱活动，陶冶学生情操，促进了广大团员青年健康成长、多渠道成才。

1. 精准规划活动方案，有效推进活动开展

活动方案的制订遵循学生的认知规律和心理特点，结合教学工作的需要

设计活动方案。放眼高中三年，从2014年开始，我校团委规划并实施五项重大担当教育活动：高一年级上学期（9月份）举行“感谢师恩，争当优秀学子”担当教育演讲比赛，高一下学期（4月底）举行“五四情·中国梦”担当教育班级合唱比赛；高二上学期（10月份）举行“中国梦，我的梦”担当教育演讲比赛；高二下学期（4月底）举行“惜父母恩，志于优秀”担当教育演讲比赛；高三上学期开学时，举行以“担当责任，追求卓越”为主题的学生十八岁成人仪式。这五项重大活动分别以感恩老师、感恩社会、感恩祖国、感恩父母为主题，使学生通过这些活动进一步理解老师、父母对他们的关爱，明白个人的成长离不开老师、父母的教导，更离不开祖国的强大、社会的发展，要求每位学生养成良好的学习品质，抓好学习的每一个细节，学会在学习中担当；了解自己应尽的责任，勇于承担责任，并为能够担当而主动学习，不断磨炼自我的品质和修养，学会在人格修养中担当；时刻用心学习，以圆自己的大学梦为目标，学会为梦想担当，以自己的实际行动来回报祖国。

2. 多措并举，积极营造感恩担当教育氛围

（1）从2012年以来，学校团委坚持举行“中国梦·我的梦”担当教育班级合唱比赛，举办了“勇于担当，志于大任”感恩系列演讲比赛活动，组织开展了学生和教职工乒乓球赛和篮球赛，同时开展了一系列以感恩担当为主题的征文比赛和黑板报评比活动。

（2）2013年9月建立校园广播站，利用校园广播开展感恩教育。结合每个主题月开展主题活动，栏目内容和歌曲必须严格按照主题活动进行选择。通过征集撰写稿件、采访报道典型、朗诵美文诗歌、播放正能量歌曲等多种形式，树立正确的舆论导向，传递青春热情、感恩友爱，营造积极健康的校园氛围。

（3）学校团委每年在全校开展“文明礼貌月”系列教育活动。文明礼貌月期间，学校开展了丰富多彩、贴近学生学习生活实际，体现德育工作实效性的教育活动，先后开展了“说文明话、做文明事、成文明人”征文活动、演讲比赛，举办了美术画展，进行了“文明学生标兵”“文明宿舍”“文明班级”的评比活动。广大团员青年热情高涨、积极参与，用实际行动营造“健康、文明、和谐、向上”的校园环境，文明礼貌蔚然成风，文明之风遍布校园的每一个角落。

（4）服务青年是共青团工作的出发点和落脚点。学校团委建有贫困生档案，从思想、学习、生活等方面全程跟踪、调查，关心、帮助他们，促进他们全面健康发展。每年高考结束，协调政府各部门的团委，为贫困大学生举行圆梦大学活动，同时，推进贫困大学生政府助学金和生源地无息贷款工作。

（5）学校团委充分利用广播站、校刊等形式做好校园要闻、好人好事等宣传工作，积极营造健康向上的校园环境。现在，我校的学生会、文学社、摄影协会和广播站已成为学校日常工作中不可缺少的组成部分，并成为学生心目中一道亮丽的风景线。在丰富的校园活动中，师生获得了教育，享受到了快乐，营造了良好的文化氛围和积极向上的育人环境，促进了学生全面发展，展示了广大师生良好的精神风貌，进一步推动了我校教育教学工作的改革与发展。

四、抓好基层建设，增强团委凝聚力

1. 加强思想建设

学校团委十分重视学生思想建设，牢牢把握思想教育阵地，充分利用周一国旗下的讲话、演讲比赛、宣传栏、广播站、校报、团课、社会实践、青年志愿者服务活动等有效形式，加强对学生进行思想教育，进一步优化学校环境，净化学生思想，促使学生养成文明习惯。学校还开展募捐活动，营造关爱氛围。团委积极配合学校有关部门，大力开展互助互爱活动。2016年3月，学校团委发动全校团员，为我校身患白血病的学生房龙飞捐款近两万元。

2. 规范组织建设

培训是最好的教育，这是我去年去昌乐二中学习，感受最深的一句话。每年高一开学，学校团委首先指导各班成立团支部，狠抓团支部成员的培训和管理，经常召开团支部书记会议，不断加强对团干部工作内容、方法、手段的指导，培养了一支具有较高思想素质和较强工作能力的干部队伍。每年五四青年节前组织开展优秀团干部和优秀团员评选活动；按照团省委发展团员的工作要求，严格把关纳新程序，积极稳妥发展团员。以团支部为基础，团委为主导，团校为主要阵地，培养、推荐优秀学生加入共青团组织。我校团委每学期举行一次团员培训班，对入团积极分子进行统一培训，每年五四青年节前夕发展一批新团员，为团组织输入新鲜血液，以提高团支部的战斗力和凝聚力。

回顾过去，我们倍感自豪；展望未来，我们信心百倍。今后我们将继续认真贯彻落实团省委的工作要求，向全校广大共青团干部和共青团员提出新的、更高的要求，进一步践行社会主义核心价值观。我们将在学校党总支领导下，勤奋工作，竞博一流，努力开创我校共青团工作的新局面！

（2016年4月参加山东省中学团委书记培训班发言稿）

如何使团委活动更好地促进教学工作的开展?

尊敬的各位领导，各位同人：

大家上午好！我是来自滨州市沾化区第二中学的张吉松。非常感谢我们小组把这项光荣的任务交给我。经过我们小组讨论，我们对如何使团委活动更好地促进教学工作的开展提出了“两注重两结合”的解决思路。

一、注重团委活动的实效性

教学工作永远是学校工作的重心。团委开展的各项活动必须服务教学工作。毕竟学生面临升学压力、就业压力，时间紧，学习任务重。因此在认真贯彻落实好上级团委的各项工作要求的同时，还要考虑每个学校各自的实际情况，不能一刀切。适合自己的才是最好的，找准学校团委工作的切入点，让工作有实效、接地气。

二、注重团委活动的策略性

1. 作为一名团委书记，一定要重视个人的工作方式方法

活动方案的制订首先要领会学校领导的意图，然后采取自下而上的原则，多听一线班主任和年级主任的心声；多深入学生生活，了解他们需要什么；活动方案的落实要采取自上而下的原则。协调是做好团委工作的一项重要能力。学校领导的支持，是开展活动的前提；出台活动的考评机制，寻求各科室、各级部和班主任的大力支持，是落实好活动的保障。发挥各社团学生的主体地位，放手让学生开展活动，学生能够解决的，就不要找班主任，毕竟班主任工作比较繁重。

2. 团委活动的开展，要处理好量和度的问题

团队活动不是越多越好。提前规划，合理安排时间，活动要紧凑，以不影响教学工作为原则。同时，活动的开展要符合学生的认知规律和心理特点，

结合学生学习的不同阶段和不同年级的实际特点，制订符合实际的活动方案。开展团队活动，要形成完整的材料，注重材料的积累和整理，为今后完善各项活动做铺垫。

3. 社团成员的组成，必须参照一定的学习成绩

成绩太差，不准参加社团；成绩连续下滑，要退出社团。只有这样做才能激励参加社团的学生更好地学习，才会得到学生家长的支持，学校领导的认可。

三、团委活动与学科建设相结合

从促进教学的角度出发，以学科建设为抓手，让活动和学科建设相结合。要学会游说学校领导和各教研组，讲明开展学科建设活动的重大意义。只要活动的开展促进了学科教学，他们是会支持的。

四、团委活动与校本课程开发相结合

校本课程开发已成为评估学校文化建设的一项重要指标。在各级教学视导和规范化学校验收方面，学校领导都很重视。团委借此可以开展各项与校本课程开发相结合的活动，为表现优异的学生颁发证书。证书可以作为就业和自主招生的有力证明。

最后，再一次感谢团省委领导给我们创造的交流和学习的机会，我们收获很多。通过这次培训，我们认识了志同道合的兄弟姐妹。我们马上就要回到各自的工作岗位了，今后再次见面很难，我衷心地祝愿各位兄弟姐妹身体健康，家庭幸福，万事如意！谢谢！

（2016年4月参加山东省中学团委书记培训班结业时，代表小组发言）

6

第六章

看今朝，重任在肩

站在山东省第四期齐鲁名师建设工程人选的平台上，我对自己的人生思考了许多。既然选择了远方，就要风雨兼程。站在人生的新起点，我要将使命和责任时刻铭记于心，以苦行僧般严格自律的精神实现自己的专业成长，做对教育事业有意义的事。

用心敲开名师门

2019年5月16日于我是一个特殊的日子，可能注定成为我人生的一次转折，山东省教育厅网站公示了第四届齐鲁名师建设培养工程人选名单，我有幸入围，激动之余，深感责任重大。从1月16日填报申报表到正式入围，历时4个月，经历五关，有种过五关斩六将的豪迈和悲壮。第一关，学校推荐，仅我一人被推选。第二关，区教育局筛选，三分之二的人落选。第三关，2月2日，市教育局将入围全市名师的34人公示推荐。这时的我对自己没有太多的期待，只是想证明自己还有一点实力。2月12日，接到区教育局通知务必15日回学校，准备提交网评视频和其他申报材料，身在山西的我，不得不错过为岳父过生日的机会，冒着小雪在高速路上行驶600公里回家，内心充满对亲人的愧疚，对能否最终成为名师感觉渺茫。精心准备吧，既然选择了远方，便只能风雨兼程。第四关，4月29日，市教育局通知我网评通过，全省900位参选名师，近一半落选，仅453位同人入围会评。此时的我，重新审视自己，到了该认真准备的时候了，无心插柳柳成荫。五一小长假我精心准备，第一次感受到成功离我很近。从陈述材料和答辩两方面反复思索，几易其稿，模拟训练。5月8日市教育局召开第二次培训会，足见对此次评选活动的高度重视。第五关，5月10日，我前往山东女子学院参加会评。这一关要有三分之一共153位落选，内心忐忑。坐在公交车上，我提炼了自己的教育理念为“用心教育，用爱育人”。也许，当我们认真对待一件事时，用心去思考，才会有智慧之花。下午5点30分，全省各学段的英语教师42人分两组抽出场顺序，先抽上午和下午，我在二组，抽的是第二天上午。5月11日上午8点又抓阄，我是7号。在焦急的等待中，11点5分我走进答辩室，面对眼前的五位评审专家，我内心不免惶恐，但极力保持镇定。平时需要7分钟才能陈述完毕，这次不到7分钟提前结束，内心的紧张可见一斑，我庆幸没有卡壳，很顺畅。答辩开始时，有种在火上烤的感觉，前五个问题自我感觉回答尚可，最后一个问题感觉回答得不满意。带着一丝遗憾，我走出答辩室。身心疲惫，中午在宾馆休息了三个小时，醒来之后，在朋友圈发了一条信息：人生中的每一段经历，一定都有它存在的意义，一定会教会你一些东西。不问结果，尽力就好！不负韶华，留作青春的回忆！等待评审结果的五天，既渴望知道结果，又怕知道结果，理智告诉我，该来的总会来，正确面对，保持一颗平常心。看着公示名单上自己的名字，欲哭无泪，其中的辛酸和煎熬，也许只有自己清楚。高兴之余，深知得失之间，注定三年艰辛路！

时不我待追梦人

入围名师人选的喜讯得到同事、领导及亲朋好友的祝福，在微信发了100个红包，共66元，寓意大家今后都能够顺顺利利。能够成为齐鲁名师建设工程培养人选，有一定的偶然因素，也有厚积薄发的必然储备。庆幸入围，书写人生的风帆即将起航；担忧自己，能否匹配名师之称。中学高级教师评审结束，自己失去斗志，安于现状。站在齐鲁名师建设工程人选的平台上，倒逼自我成长，重新定位，规划自己未来的三年，成为名副其实的名师。

前段时间，市教育局通知：山东省教育厅计划从第四届齐鲁名师建设工程人选300人中遴选60人赴新加坡南洋理工大学攻读教育管理硕士，采取集中学习与在职研修相结合的方式，学习期限为两年。省级财政资助每人留学经费15万元，其他如学费、杂费、生活费等由所在单位据实报销。这是一个千载难逢的机遇。推荐条件如政治素质过硬，师德高尚，忠诚党的教育事业；教育教学管理能力发展潜力大，教育研究能力强。对于这些，自我感觉问题不大，但致命的是要求必须具有全日制本科学历和学士学位。一个提升自我素质的机会和我失之交臂。如果1998年的高考，自己能够考上本科或者是有经济实力复读一年考上本科那该多好。生活是不能假设的。我把这件事告诉我的学生，学历有时是起关键作用的。告诉他们在该奋斗的年龄，千万别选择安逸。面对明年的高考，一定要全力以赴，破釜沉舟，不要给自己留后路。学历层次有高有低，注定人生是不一样的。高三是艰苦的，但熬得住，出众；熬不住，出局！高三不苦不累，人生无味；不拼不搏，人生白活！熬一年春夏秋冬，拼个无怨无悔！“人生最痛苦的事情，不是我不行，而是我本可以！”这句话，今天我真正明白了其中的无奈。

2019年6月底，我以第四期齐鲁名师建设工程人选的身份在威海石岛参加2019年山东省“互联网+教师专业发展”工程省级工作坊主持人高级研修班。三天的研修，紧张有序，忙碌充实。通过研讨，我对每年都在参加的远程研修有了新的认识，站在顶层设计的高度，一种使命感和责任感油然而生。通过研修我学到了很多知识，明确了下一步奋斗的方向。

理性分析，清楚自己与名师还有很大距离。善于思考是自己的优势，能够紧跟时代发展脉搏，初步具备一定的教育理念。但在课堂教学中，驾驭课堂能力还有待提高，对教育前沿理论的学习远远不够。与习主席提出的“四有”标准还有差距。十九年的教育教学实践使我相信，只有不断提高自身素质，才能更好地实现自身价值，才能更好地服务社会。

淬炼重生，迎战未来

——写给行走在成长路上的自己

成功是人人渴望得到的，也是人人羡慕的。所有成功或正在走向成功路上的人，背后都深藏着鲜为人知的艰辛，包含着无数的挫折和痛苦。一般人只看见成功者威风地站在成功的高塔上，却没有看到他爬上成功高塔之前所受的挫折。从2019年5月16日入围第四期齐鲁名师建设工程人选以来，我便深知得失之间，注定三年艰辛路。或许每颗真正强大起来的内心都要度过一段没人帮忙的日子，只有自己默默承受着；或许所有情绪只有自己最清楚。但我相信：只要咬牙撑过去，一切就会不一样；不管今后经历什么，坚持住，一定会看见最坚强的自己。

回想参加工作十九年以来的过往，尤其是担任学校团委书记的七年间，自身在业务学习方面，做得不够，把很多宝贵的精力和时间耗费在与自身业务无关的事上。无心插柳柳成荫，本来我对能否入围第四期齐鲁名师建设工程人选并没有抱多大希望，也没想过会成为名师人选，经历省、市、区三级四关评审，突然站在齐鲁名师建设工程人选培养的平台上，深感压力巨大。齐鲁名师建设工程培养平台也许就是倒逼自己成长的助推器，我只有不断超越，才能实现自我的人生价值。半年以来，我经历了痛苦的煎熬和心理的纠结，痛定思痛，自我革新是我唯一的选择。我必须克服自卑情绪，正确评估认识自己，掀起自我革命，以必胜的信心和姿态改变自我。

分析现状，诊断自己。我的个人优势如下：①教科研能力较强，对课堂教学、班级管理工作有一定的研究。曾获得山东省优秀德育课例评选二等奖，滨州市心理健康优质课一等奖，主持有关课堂教学的山东省教研室课题一项并获得山东省优秀成果三等奖，主持有关班级管理的山东省教研室课题一项，主持有关课堂教学的山东省教育科学规划办“十二五”课题一项。②个人基本素质相对可以，具有国家三级心理咨询师资格证书，担任学校团委书记七年，其间也参与过级部和备课组及班主任管理工作，具备一定的组织协调能力。我的个人劣势如下：①英语听力和口语至今仍是我的短板，如何突破？②立足我校硬件建设相对落后、教学理念及生源基础差的现状和我自身能力不足的现状，如何适应信息化背景下的英语教学？我面临的机会：入选齐鲁名师建设工程人选，让我有了一种改变自我的强烈愿望。我珍惜每次培训的机会，让自己在专业素养和个人教学能力方面能够得到提升。通过省里配备的双导师制度，倒逼自己提高理论知识，发展自身科研能力。借助齐鲁名师这个培训平台和三年的培养周期，向省内外专家学习英语教学策略与经验，不断提升自己的教学能力。我的威胁：英语专业知识储备不足，信息化运用能力不强，自身需要加强的方面还有很多，明显感觉时间不够用。

立足三年，规划人生。①总体目标：通过三年培养，倒逼自我成长，增强个体发展的内驱力，实现个人的自觉成长，使自己的理论知识与实践能力得以提高，自己的专业发展得以提升，增强课堂的驾驭能力，形成自己的教学风格，实现自我专业突破，成为名副其实的齐鲁名师。②主要措施：一是以课题研究为抓手，在导师的引领和指导下，提升个人科研能力，让专业研究成为自己的生活方式，形成优秀教学案例和课例等；二是通过持续有计划地参加工作坊群组活动提升个人专业素养，通过开展读书、教研等研习活动，做好读书随笔、教研案例、教学思想研讨会的整理、研修、收集、总结、提升工作，提升个人教学教育理论话语权；三是以参加省市展示课为关键事件，倒逼自己提升口语和听力水平，逐渐适应信息化背景下的英语教学。

成为齐鲁名师建设工程人选后的这七个月，我的工作和生活节奏明显加快，每天感觉时间不够用。

2019年6月28日—7月1日在威海石岛参加省级工作坊主持人高级研修班。作为工作坊主持人，突然站在顶层设计的高度，一种使命感和责任感油然而生。

2019年8月19日—23日，我参加了山东省第四期齐鲁名师、第三期齐鲁名校长建设工程人选培养工作启动会暨第一次集中培训。这次培训对于我就是一次修行。在五天的培训会上，省教育厅和齐鲁师范学院的各级领导对我们的学习和培训提出了具体要求和殷切的希望，省中小学师训干训中心领导传达安排了具体的培养计划，毕诗文主任解读了培养方案。我们聆听了来自全国各地的知名专家的报告：张绪培教授做了《教育现代化和课程改革》的报告，褚宏启教授做了《加快推进基础教育现代化》的报告，陶继新总编辑做了《读书与生命成长》的报告，王建军教授做了《教育科研与教师专业发展》的报告，陈立校长做了《课堂革命》的报告，李政涛教授做了《提升思维品质，追求卓越发展》的报告，同时我们还聆听了往届齐鲁名师的成长经验。教授们的报告和往届齐鲁名师的经验交流使我的头脑经历了一次教育理论的洗礼。他们的教育理念、人格魅力和治学精神烙印在我的心中，他们的精彩讲解使我思想在观念上得以洗礼，在理论上得以提高。他们对生活、对工作、对事业、对学生独特的感悟，对教育前沿的思考、精辟理论、独到见解，触及了我心灵的深处。经过五天的培训，紧迫感和压力感明显增强。为了达到齐鲁名师所规定的要求，我突然感觉时间不够用，认识到自己对英语学科知识的储备明显不足，教学基本功不够扎实；在备课、教学设计、课堂教学等方面，口语、听力、板书等基本功必须改进。做一名名副其实的齐鲁名师，需要做的事很多，但所有的事都需要有时间的保障。为了改变自我，实现蜕变，我必须自觉成长。要成为齐鲁名师，让自己的人生精彩，就必须学会改变。今后，我必须充分利用各种零散时间，合理安排时间，有计划地补齐短板，每天要有任务，将任务清单铭记于心。我相信：时间就像海绵里的水。

2019年9月15日—21日在威海和日照，我参加了山东省读后写作研讨会。辗转两地，我观评课32节，聆听专家报告两场。听专家讲座，让我有一种与名师对话的感觉，我要学习专家思想的精髓、理论的精华。聆听讲座，使我感受到：教育信念就像一盏明灯，指引着我们教育工作者前行的方向。有理想，才会有行动，当今社会多元价值并存，容易让我们迷失方向。在这次研修中，我对教师这个职业有了新的认知，既然从事了这份职业，就要学会以教师这一职业为荣，追求自己的教育之梦。通过聆听专家报告我意识到：教师的成长与自身的素养、人格的魅力、广博的知识、驾驭课堂的能力、民主的管理能力、探索研究的精神密不可分；作为教师要想促进学生学习、自身成长，就必须坚持以学生为本，以学生的发展为己任，以爱为动力，以课堂教学为主阵地，在交流中碰撞思维，在分享中启迪智慧，用人生的两把尺子，量别人的长处，量自己的不足。学习之路无止境，运用实践是关键！研讨高考新题型，助力明年新高考！

2019年9月26日—27日第一次在滨州市高三备课会上对三位上展示课的教

师进行点评，感受很多。成长需要积累，自信需要积淀。只有不断学习，才能持续成长。

2019年10月31日—11月1日，我在济南珍珠泉宾馆参加了为期两天的齐鲁名师建设工程人选课题培训会。通过专家报告会和现场指导，我对课题研究有了新的认识。我从思想深处认识到终身学习的重要性，积极地深入学习、给自己时时“充电”，才能让我们站在信息知识时代的前沿，才能使自己在教育教学工作中游刃有余，才能和齐鲁名师建设工程人选的身份相匹配。

2019年12月4日—6日，我参加了在临沂一中南校区举行的山东省“互联网+教师专业发展”工程高中英语省级工作坊现场会议。本次会议以“核心素养背景下互联网+教师专业发展高中英语新教材单元整体教学设计研讨会”为主题，以整合国内优质资源，借助现场研讨会的形式，推出优秀课例、分享经验、引领思考的目标。李永大教授做了《英语教师学术论文的写作规范》的报告，省教科院高中英语教研员陈元宝做了《新高考背景下新题型英语读写素养培养》的报告，夏竹慧、李敏、张志常、王翠莲四位齐鲁名师人选展示了四节精彩纷呈的公开课。现场观摩四位名师的公开课，我深深感到自己的英语知识和教学技能匮乏，与他们有着很大的差距。我也意识到必须提高自己，充实自己，使自己具有丰富的专业素养，扎实的教学基本功，否则未来将会被淘汰，增强自身的急迫感和责任感，不断进行教学理念的更新，实现教学行为的改变。

2019年12月25日—28日，我在济南珍珠泉宾馆参加了为期四天的齐鲁名师建设工程人选开题和答辩会。我们300位名师培养人选和导师团的导师再次相聚济南。阵容强大的专家团队，张连仲、曾庆伟、陈德云、苏勇、梁承锋、杨淑平、邵淑红、孙泓八位专家在未来两年多的时间里将和我们结伴同行。在成长的路上我将与高人为伍、与智者同行。在成长的路上有智者引领我往高处走是何等幸福的事情。12月26日，台湾交通大学教授陈明章以典型的案例展示“SOIL土壤学习法”的Selection，Organization，Integration for Learning。通过热情的舞蹈、Ring的颜色变化等生活中视觉差异的体验元素交互的关系，用多个案例体现了文本的排布方式不同对人的视觉刺激不同，触发学生的深层次理解；通过简单机械——滑轮的纤绳分段划分形象地展示了抽象理论，把知识的理解形象化、简单化。陈教授从AMA2.1软件的创作、实施、展示、应用等方面展示了现代技术的强大，为现代化的教学提供了大量的技术支持。齐鲁名师建设工程培养人选课题开题答辩会议从上午8：30一直持续到下午6：00。四位导师认真听取了每一位教师的陈述和困惑，有认可、有建议、有引领。导师的敬业精神和专业水平让我感动，让我膜拜。通过这次答辩，我深刻认识到作为21世纪的人民教师，应该具备探索、研究现代教育理论的精神并应具备将其付诸实践的能力。

这七个月以来，我真正明白了什么是倒逼成长，什么是淬炼重生。为了研修课题，从构思到执笔形成研修课题申报书和开题报告及相关的教学设计，我足足准备了五个月。但在开题答辩会上，专家对我的研究内容和方向提出质疑，建议我认真研读新课标，并善意地提醒我换个方向重做。欲哭无泪，心中茫然。静下心来细想，作为齐鲁名师人选，为做一个有高度有质量的课题，必须站位要高，要做经得起时间考验的课题。特级教师窦桂梅曾经说过："理论和实践就是老鹰和小鸡的关系。一旦掌握了理论，你就会势如破竹，不可抵挡。有了这样的理论，你才会有效地指导你的工作实践。"不管我们研究什么课题，都应该指向学生的需求，学生需求的东西才是我们需要去研究的问题，这样的问题才具有研究价值。导师的谆谆教导不但给了我开展课题研究的思路和方法，更给了我开展课题研究的动力和勇气。下一步我要大量阅读国内外的教育理论专著及文章并深入研究新课标，提升理论素养是做好课题研究的关键！It's what you do in the dark that put you in the light。相信坚持做自己认定的事情，虽苦犹乐，风雨过后，总会见彩虹！

为了准备明年的省级公开课，提升自己的英语口语水平和教学技能，我把自己的空余时间用在自身素养的提高上，娱乐休闲离我远去，实现了无须监督的自觉成长。整个暑假我在流利说软件上练习英语口语；从9月2日开始，通过潘多拉APP练习英语口语，截至12月30日打卡121天，每天坚持学习1个小时左右；运用缤纷英语听力APP软件，借助里面的广播、口语、影视歌曲、品牌听力、英语听力、单词语法、英语考试等栏目练习口语和听力；做天学网教师版中的听说满分、听力满分、高考题型练习；观看TED演讲；翻阅扇贝阅读APP；同时关注以下公众号：研修网官方、陶继新、夺分英语、高效课堂、明师俱乐部、卓越创新论坛、Goldenglish英语、爱V高中英语、浪哥英语、TeacherGwen、小课题研究、私家英语资源库、镇西茶馆、中国教育三十人论坛、浙师大外语风、教育思想网、好教师、高中英语教师、荆楚英语、好酷英语等。学习强国里的头条英语播报、每日中小学课堂、慕课中有关英语的一切课程资源以及高中英语资源共享群里的资源，把所有有用的资料及时做好整理，做学习的有心人。在教学工作中，我对备课更严谨，对教材挖掘更深入，对试题更认真，对课堂更精心。晚上减少应酬，没有周末，基本不外出，除去回家探望父母，在学校、在家中不断学习。一天不学习深感空虚，不踏实。这段时间，细细想来，除去备课、上课以外，每天用于自我提高学习的时间至少4个小时。11月份，我读了邵淑红老师的专著《灵动英语课——高效外语教学氛围创设艺术》，明白了只有用一生的时间去探索品尝，才能享受英语教学的魅力和幸福。这几个月我自己写了一本书《用心教育，用爱育人——做学生成长路上的摆渡人》，11月26日已交北京开明伟业教育科技有限公司负责审稿，准备明年出版。

“欲戴王冠，必承其重”，如果你想戴上王冠，成为王者，就必须承受其重量，承担一切你该担当的责任，并且还要承受竞争的压力，成为一个佼佼者，才有资格戴上王冠。叔本华说：“一个人的圣灵必须饱受挫折，才能有船舱的稳，航行于大海中，否则将只是风的玩具。”在痛苦的煎熬中，我在无意间看到两个“强者法则”。每一个法则都在告诉我们：所有成功背后都深藏着鲜为人知的艰苦。

第一个“强者法则”：罗伯特法则。

这个法则由史学家卡维特·罗伯特提出，指的是：“没有人会因为倒下而失败，却会因为没有希望而失败。”所以这个法则强调信念对于一个人的重要性。一个人如果出生在泥泞中，却始终想要走出泥泞，不屈不挠地抱着对生活的期待，那么他至少内心充满希望；如果一个人已经心如死灰，觉得看不见未来，那么即使他现在的生活光鲜优渥，他也会很快走向毁灭。很多时候，我们会以为人很脆弱；但同时，人能爆发出的强大意志力又能到让人匪夷所思的地步。所以我们每个人的观念和选择对我们的一生起着至关重要的作用。

第二个“强者法则”：金蝉法则。

金蝉法则是指蝉自诞生起，就需要在暗无天日的地下潜伏三年，然后才慢慢爬出地面，一夜之间飞上枝头，成为夏日协奏曲中必不可少的一环。这是一个东方人发现的法则，所以不同人眼中看到了不一样的结局。抖机灵的人看到了好吃的蚕蛹，禅师看到了人生的不同阶段。不同阶段的人，就应该顺势而为做事情。在教育者眼里，看到了要坐“冷板凳”，才能成大事，做好学问。在我看来，人还是应该厚积薄发，在光鲜亮丽的背后，一定要经历鲜为人知的艰辛和坚持，有一段忍受孤独的历练时光，这样才能破茧成蝶，一飞冲天。

自律到近乎自虐的精神，来自内心强大的追求。长期坚持，无须提醒的自觉，说起来容易，做起来难。路漫漫其修远兮，不出众就出局。我相信："故天将降大任于斯人也，必先苦其心志，劳其筋骨，饿其体肤，空乏其身，行拂乱其所为，所以动心忍性，曾益其所不能。"我要为我的学生、我的女儿树立一个积极进取的学习榜样。我也深深体会到：身教胜于言教。

第四期齐鲁名师建设培养工程已过七个月，未来的两年多时间将会更艰辛。淬炼是痛苦的，没有凤凰涅槃般的蜕变又怎能重生？淬炼重生，迎战未来，期待遇见明天更好的自己！

张吉松：用心用爱构建和谐生态教育，助力学生幸福成长

教育理念：用心用爱构建和谐生态教育，助力学生幸福成长。

座右铭：用心教育，用爱育人，争做“四有”好老师。

一、“和谐生态教育”的核心理念与理论依据

“和谐生态教育”是张吉松老师的教育理念，基本含义是：用心做教育，争做“四有”好老师；以生为本，力争带好每一名学生；落实英语学科核心素养，把育人放在第一位。

现代教育主张把教育活动看作一个有机的生态整体，这一整体既包括教育活动内部的教师、学生、课堂、实践、教育内容与方法诸要素的亲和、融洽与和谐统一，也包括教育活动与整个育人环境设施和文化氛围的协同互动、和谐统一，把融洽、和谐的精神贯注于教育的每一个有机的要素和环节之中，最终形成统一的教育生态链整体，从而使人才健康成长所需的土壤、阳光、营养、水分、空气等各种因素和谐共存，达到生态和谐育人的目的。所以，现代教育倡导“和谐教育”，追求整体有机的“生态性”教育环境建构，力求在整体上做到教学育人、管理育人、服务育人、环境育人，营造出人才成长的最佳生态区，促进人才的健康和谐发展。

二、“和谐生态教育”实施路径

（一）用心教育，用爱育人，争做“四有”好老师

1. 做坚定理想信念的传播者

作为教师，要有理想、有信念，爱党、爱国，把握政治方向，将立德树人融入教育教学全过程，引导把握学生发展方向，系好学生人生的第一颗纽

扣，使学生增长知识，增强综合素质。

2. 做高尚道德情操的示范者

加强自身师德师风建设和品德修养，热爱教育事业，热爱学生，以自己的人格魅力引导每一位学生健康成长。

3. 做具备扎实学识的领跑者

潜心教育实践，带着问题学习，带着所学实践；带着教育情怀，通过自身不断努力，提升自身业务素养；学习、实践、反思，再学习，再实践，再反思，螺旋式上升，力争成为教育的领军人物。

4. 做拥有仁爱之心的践行者

平等对待每一个学生，尊重学生共性，包容学生不足。对学生一碗水端平，一视同仁，时刻反思自己，用真情、真心、真诚关注每一位学生的健康、长远发展。

（二）创造适合学生成长的和谐德育体系

1. 抓好“四个教育”，构建和谐班级

作为班主任，张吉松老师坚持“四个教育”：家庭教育、习惯教育、心理教育、励志教育。运用“四合一”组合拳，构建和谐班级，激励学生成长成才。

2. 抓好感恩教育，弘扬正能量

作为团委书记，张吉松老师坚持“以特色求生存，以创新求发展”的工作思路，大力推行感恩教育，并将感恩教育课程化、序列化、制度化。

（三）构建适合学生成长的生态英语课堂

高效生态的课堂教学是促进学生有效学习的前提条件。高效生态英语课堂主要指在一定的教学投入内（时间、精力、努力）教师引领，学生参与。高效课堂实施策略：策略一，教师转变教育理念，树立高效生态课堂意识；策略二，备课精心，以生为本保障高效课堂落地；策略三，以人为本，营造轻松和谐的课堂氛围（“教学的艺术不在于传授的本领，而在于激励、唤醒、鼓舞”）；策略四，精心设计教学语言，组织课堂教学；策略五，挖掘教材，激活思维，突出课堂教学重难点。

［山东教师队伍微信公众平台（山东省教育厅主办）于2019年11月10日发布］

第七章

人生感悟教育随笔

随着年龄的增长，我对人生和自己从事的教育工作有了新的认知。到2020年我就四十周岁了，也许真的是四十不惑吧。带着对人生和教学工作的敬畏，我重新定位，细细思量，将我的几篇关于人生感悟的文章和教育随笔留作自己明天的回忆。

有感于沾化区事业编招考

有幸以监考员的身份参与2019年沾化区事业单位公开招聘考试。看着考生座次表上的个人信息，我不免感慨。从年龄上推算，1997年出生的应该是应届毕业生。我所监考的考场，1997年出生的仅3人，往届毕业生27人，占到90%，并且1990年之前出生的有7人，最年长的是1984年出生的。据说其他考场还有1980年出生的。从身份证号来看，沾化当地的考生仅有6人。本次沾化区事业编招聘是面向全国的，有8000多人参加，竞争仅有的120多个岗位。竞争的激烈程度和难度可想而知。有一孙姓考生，1990年出生，本科学历，学士学位，2014年参加工作，五年间在青岛和滨州等地换了五份工作，都是和企业有关的。

由此可见，吃财政饭，有稳定工作，仍然是多数人追求的梦想。坐在考场上的考生都有一颗改变命运的心。也许经历了社会上的种种磨砺，起初不安分的心慢慢回归平静。时间是最好的老师，生活的阅历促使他们迅速成长，对自己的人生重新定位。敢于挑战自我的人都是生活的强者！他们是自我命运的主宰。我相信：有的考生绝对经历了多次考试，屡败屡战，充满对美好生活的向往。作为时代的追梦人，他们在实现自己人生梦想的路上，奋勇当先，寻找自己想要的生活。作为体制内的人，我们是幸运的。有时在体制内待久了，往往羡慕体制外的人，这也是围城吧。但是看到这百里挑一的竞争场面，我们也需要理性反思自己，珍惜自己的工作，做好本职工作是最好的选择。与其一味这山望那山，不如脚踏实地。梦想终归属于奋斗者，奋斗的人生是最美丽的！

（2019年7月15日晚于家中）

在仰望星空的路上，脚踏实地朝前走

从得知入围第四期齐鲁名师建设工程人选以来，尤其在威海参加了2019年山东省“互联网+教师专业发展”工程省级工作坊主持人高级研修班之后，在与专家的交流和思维碰撞中，我看到了自己的不足：需要学习的东西很多。一种使命感和紧迫感油然而生，我要规划人生，向优秀看齐，争做真正的行家里手。

“千里驾车，行齐鲁，跨燕赵，抵山西；孝心无价，话亲情，叙友情，享天伦。”这是我到达岳父家发的第一条微信。长治是一座气候宜人的城市，夏季早晚温差大，晚上睡觉还得盖薄被，相比山东闷热的天气，这真是人间仙境、避暑的好地方。但我清楚，今年的暑假不同于以往，除去必要的走亲访友，我需要把更多的时间用在自我业务的学习上。到岳父家快十天了，这十天可能是我相比以往暑假期间最为充实的十天。

《用心教育，用爱育人》是我放假前用了近一个月的时间写的作品，近十四万字。这本书包含了我工作十九年以来在教育教学上的所思所想，我想把它留作我人生的一段美好记忆。利用四天时间，我对作品初稿进行了完善，对个别语句进行了修改，删去近两万字，计划再沉淀半年，力争自己满意时，到2020年寻找合适机会出版。

经过近两个月的准备，结合自己的教学实践并阅读了大量文章，在山西的这几天，冥思苦想，我想出了下一步自己课题的研究方向，暂定题目为“基于核心素养的农村普通高中英语读写一体高效课堂教学策略研究”。该课题研究的学术和应用价值：本课题的选题基于农村地区现实的高中英语读写教学缺乏落实核心素养意识，未能很好地实现《普通高中英语课程标准（2017年版）》规定的教学要求，农村普通高中学生学业发展明显落后于《普通高中英语课程标准》的要求。我认真研读了《普通高中英语课程标准（2017年版）》，并借鉴发达地区先进的教学理念，对平时的高中英语读写课堂教学也做了一些思考和尝试，提出了“基于核心素养的农村普通高中英语读写一体高效课堂教学策略研究”课题。

在学术价值方面，从教材文本读写结合和高考专题读后续写两个层面研究，探究出农村普通高中英语读写一体高效课堂教学策略。本课题的研究结合培养学生核心素养的教育趋势和语言学习跨文化交际的属性，改变传统高中英语教学中过度重视语言规则、词汇讲解的做法，在读写课堂教学中，强调教师在传授语言知识方面的作用时，更强调引导学生关注、探索、感受、总结中英思维、逻辑方面的差异，使学生学到真正的英语知识及英语思维，体现出高中英语学科核心素养的重要性及高中英语读写一体高效课堂的优越性。

通过基于核心素养的农村普通高中英语读写一体高效课堂教学策略研究，在阅读和写作的过程中，深度挖掘英语逻辑思维，这必将有利于对高中生的英语阅读技能和写作水平的培养。这个探究过程能够改变英语教师以英语语言知识的传授为核心的传统教学观念、方法和模式。这对全面提高学生的英语学科素养，对适应新课程的要求必将具有十分重要的意义。

在应用价值方面，对我校英语教育教学质量和学生的英语学习成绩的提高起到促进作用，同时能够为其他学校的高中英语读写一体课堂教学起到参考作用。

这十天，除了完成《用心教育，用爱育人》初稿的第一次修改和课题“基于核心素养的农村普通高中英语读写一体高效课堂教学策略研究”的设计论证之外，我还在自己的口语和听力上思考了许多，明确了下一步的努力方向。教学研究是我的强项，但口语和听力是自己的短板。作为一名英语教师，口语和听力是基本素养，是英语教师的看家本领，提高基本素质是当务之急。我要以突破口语和听力作为突破口，提升自己驾驭课堂的素养。为此，这几天，我坚持听高二的《畅想英语》听力教材，听了六套。在手机上，我下载了流利说APP，报名参加了流利说英语培训，感觉效果不错。

回想近几年来，尤其是担任学校团委书记的七年时间，自己在自身业务学习方面做得远远不够：把更多的精力和时间耗费在纷繁复杂的事务处理上，而忽视了自身业务能力的提高。细细想来，走业务路线可能更适合自己，毕竟业务是立身之本。在第四期齐鲁名师之家的群里有一位菏泽郓城南城中学的谭全辉校长，他创建了自己的公众号，名为“诗意谭”，几乎每天发表一篇文章，谈工作，话人生，且都是午夜之后撰写的。通过阅读谭校长的文章，我感受颇多：每个真正具有教育梦想和教育情怀的人，都是根植于自己的本职工作的，对自己所从事的工作充满激情，善于思索，勤于总结，自律，这些是他们成功的关键。

站在人生的新起点，必将开启一段新历程。榜样引领，脚踏实地，能成就自己。在深化教育改革的大潮中，做一名有温度、有活力、有梦想、有幸福感的人民教师。

（2019年7月25日下午于长治许村）

直面自身不足，实现自觉成长

从教已近十九年，有过成功的喜悦，也有过失败的迷惘；曾经激情似火，也曾不思进取。时至今日，才真正体会到：一个人要成长，首先必须直面自己的不足，甚至是缺点，然后以一种自觉的态度去完善，而不是被动地去改变。自觉成长才能真正发展。当然，直面问题，难；自觉完善，更难。但不经历凤凰涅槃般的磨炼，又怎能找到人生的新起点？

作为一名一线教师，只有不断学习，才能提高自己。要掌握本学科最前沿的研究成果，增强科研意识和改革意识，积极参与各种教育教学实践活动，做到理论与实践相结合；在实践中不断进取，勇于创新，精益求精，不断提高自己的教育教学能力；真正做到活到老，教到老，学到老，孜孜不倦地吸收新鲜知识来充实自己。

当然，个人素质的提高不是一朝一夕的事，需要长时间的学习。学习是辛苦的、寂寞的，但只要我们用心去发掘，勇敢地去尝试，一定会有收获和启发。也许只有这样才能为自己以后的工作和生活积累更多的丰富的知识和宝贵的经验，才会慢慢成长、成熟。请相信不远的未来定会有属于自己的一片美好的天空。

成长=经验+反思。反思是教师成长的捷径，只有不断耕耘，才能检验自己的教育理念与行为，不断总结自己的工作得失，不断深化自己的认识，不断修正自己的策略，从而获得持续的专业成长。如果一个教师仅仅满足于获得经验而不对经验进行深入的思考，那他就不可能在原有的基础上再有发展。教师专业发展所要求的大量知识和实践智慧，只有靠教师自己在日常教学实践中不断反思、探索和创造才能获得。

反思的方式有很多，撰写教学随笔就是一种行之有效的方式。通过写教学随笔要学会思考教育问题，积极把先进的教育理念转化为行为，从反思中提升教学研究水平。比如，每节课后，把自己在教学实践中发现的问题和有价值的东西进行反思，弥补不足。

这段时间，长治的天气不像沾化那样闷热，适合避暑，更适合静下心来研修。通过观评山东省教师教育研修平台上的课堂实录，我清醒地意识到教育信息化2.0时代已经走进课堂，只是由于经济条件或教育观念制约，至今还没有完全进入我们的课堂。然而，随着以计算机为核心的信息技术在教育中的广泛应用，教师不再像以前那样，单凭一张嘴、一根粉笔、一块黑板即可进行教学，而要综合利用多种媒体技术，利用微机网络展开教学。所以这类教学必定要打破传统的传授式的教学模式，而构建出适应信息社会的新型教学模式。在新课程改革的背景下，未来教育应融入先进的教学理念与最新的信息技术，基于信息技术在课堂上的有效利用，改革传统教学模式。

在外出学习和培训中，我突然感到自己身上的压力变大了，自己的时间不够用了。要想不被淘汰出局，要想最终成为一名合格的教师，就要更努力地提高自身的业务素质、理论水平、教育科研能力、课堂教学能力等。而这需要自己付出更多的时间和精力，努力学习各种教育理论，并学会运用最新的信息技术，提升自己的能力，并勇于到课堂上去实践，及时对自己的教育教学进行反思、调控。

只有不断学习与发展，才能更加适应社会发展的需要，才能找准自己的位置。要树立终身学习的观念，抓紧分分秒秒学习充电，使学习成为自己的一种内需，一种生活方式。我始终相信：要想学生走得远，教师一定要看得更远，我们只有不断丰富自己的文化知识、学科知识、专业知识才能打开学生广阔的思维之门。

（2019年7月27日下午于长治许村）

不念过去，不畏将来，让生命更加灿烂

岁月匆匆，推着我们不慌不忙地来到了七月的最后一天。七月，即将再见；八月，又将重逢。九十多年前，七月一日建党，八月一日建军。经历艰苦卓绝的史诗般的斗争，中华民族以崭新的姿态屹立于世界东方，在探索中曲折前行，历经磨难跻身于世界强国之列，民族自豪感空前高涨，人民幸福安康。我庆幸能够生活在这个伟大的时代，能够通过自己的努力去做自己想做的事。做自己喜欢做的事是人生的一大幸事，实现这个愿望，一半靠运气，一半靠努力。运气再好的人，自己不努力，好运也会渐渐走远。

今年的七月不同于以往，我把在岳父家避暑的日子更多地用在自身业务的学习上。这个七月可能是我相比以往最充实的一个七月，也是我人生经历的第四十个七月。人到中年，时不我待！作为一名平凡的人民教师，从事这份职业近十九年，渐渐体悟到：让心灵回归本真，热爱生活，不为心死，只为心生，这样活着才有意义。就像爱德华说的："一个人，即使他得到了全世界，但丢失了自己的灵魂，那一切也都是毫无意义的。虽然没有什么大事业，但是一生将与美同行，就已找到了自己灵魂之所在。"

经历岁月的洗礼，我渐渐懂得挽留岁月的方式也许就是做自己喜欢的、有意义的事。生活本来不易，不必事事渴求别人的理解和认同，静静地过自己的生活。心若不动，风又奈何。你若不伤，岁月无恙。生命中的许多东西是可遇不可求的，而不曾被期待的往往会不期而至。所以有些人和事，尽力而为，顺其自然，自己问心无愧就好，离去的都是风景，留下的，才是人生。

不经意间，我已到中年，感叹岁月无情，感慨人生苦短。品味生活，细读人生，任何人的一生都不可能一帆风顺，难免会有坎坷和失意，关键看自己怎样去面对。好好善待自己，过去的能忘则忘，眼前的能不计较就放开，未来的不要想得太多。沉淀你的心情，去除浮躁，心静自然凉。拥抱阳光，学会了豁达；宽阔心怀，学会了原谅错误，坦然生活。记住：并非每个命运的转角都是一通坦途，别太在意风吹花落，别再眷恋远逝的韶华。跌倒了，你可以爬起来，人生易老，谁也耗不起。胜不窃狂，挫不言败，不轻犯险，不易冒进，不松懈，不停顿，困苦都在脚下，未来终是美丽。

再见了，七月！我要一如既往，万事胜意，向阳而生，从容豁达，赤诚善良，成就更好的自己。再见了，七月！让我继续遇见八月的美好，让生命更加灿烂！

（2019年7月31日 于长治）

活在当下，珍惜拥有，与爱同行

——写在渐行渐远的亲情路上

缘分使我和妻子走到了一起，我们可谓千里姻缘。我是山东人，妻子是山西人，跨燕赵大地，居太行两侧。我们一起携手共同走过了十四个春夏秋冬，曾经浪漫的爱情已经渐渐转化为浓浓的亲情。

每年的寒暑假，我们一般都要来岳父母家住一段时间。岳母是一位勤劳、善良而又聪慧的农村家庭主妇，每天忙忙碌碌，打理着家中的一切。每次来山西，岳母都会变着法做各种各样的面食（卤面、刀削面、莱饭、油饼、烧卖、油条、蒸包等各种美食），招待远道而来的女婿。岳父家门前有一块自留地，暑假前，岳母总会种上各种各样的蔬菜，期待我们回家分享她的劳动果实。

每次去山西，妻子都是喜悦的；每次回山东，妻子都是伤感的。虽说自己驾车方便了，但一个人连续驾车八九个小时，也是很累的。没有三天以上的假期，想回趟娘家也不容易。庆幸我们都是老师，寒暑假才能一起探亲。年近七十的岳父岳母，身体已大不如前。我们的到来使他们更加忙碌，拉不完的家常，诉不完的情。都说一个女婿半个儿，也许我在岳父岳母心中已经远远大于半个儿了。十四年了，亲情已让我慢慢融入这个大家庭。

远嫁，注定了离别痛。每一次离别，都是妻子心中短暂的痛。我慢慢地懂得，所谓母子一场，只不过意味着，我们和父母的缘分就是今生今世不断地在目送彼此的背影渐行渐远。

已到中年，为人父的我，深深体会到：陪伴是我们对父母最温情的告白，尽孝一定要尽早。要换位思考，我们应以爱自己父母之心爱对方的父母，做一个有孝道的人。

十四年，人生有多少个十四年？我不敢想下一个十四年会怎样。也许活在当下，珍惜所拥有的才是最好的选择吧。只要珍惜曾经相聚的时光，珍爱彼此，就不必遗憾。只要我们曾经踏实走过，再回首，也坦然。当我们目送时光的背影渐行渐远时，对于生命，最好的态度不是挽留，而是珍惜。再多的遗憾、不舍都不过是生命的过程。生活是一种态度，幸福是一种感觉，以一颗简单的心，听自己内心的感受，让生活变得简单，让亲情变得温暖。我们一起向前走，带着爱和释怀与生命和解，与幸福同行。

（2019年8月6日中午于长治）

在高铁上对自己的剖析

从事英语教学工作近十九年，站在齐鲁名师培养人选的平台上，我才发觉原来自己的知识储备太少，教学基本功太差。这个平台也许就是倒逼自己成长的助推器。我要珍惜这一平台，不断进取，不断超越，实现自己的人生价值。经历了痛苦的煎熬和心里的纠结，痛定思痛，唯有自我革新是唯一选择。纵然短板很多，但优势也不少。能够入围齐鲁名师培养工程人选，绝非偶然。全省这么多高中英语教师，仅有九位成功入围。我现在缺少的是一份自信，缺少一份挑战自我的勇气，内心还不足够强大。在与团队成员交流时，不难发现各有各的优势和短板。我们不是完美的，如果完美，就不需要培养了。我要克服自卑情绪，正确评估认识自己，掀起自我革命，以必胜的信心和姿态改变自我。到了这一平台，突然说起普通话，别人能听懂，也没耻笑的，看来自己的普通话还可以。我们英语综合组的教师一共28人，认为我说英语的声音在男教师中还是比较好听的。看来自信和别人的认可有一定的关系。

我庆幸自己站在与高人同行、与智者为伍的平台上，没有曲高和寡的尴尬。下一步，我将以一种不改变自己誓不罢休的决心努力革新自我。经历煎熬，必然成长！我要带着自信，迎接每一天的挑战！以初恋的心态，爱上英语，弥补过去的不足，以小学生的姿态虔诚学习研究，补足短板，提升自己，从而实现人生飞跃，获得精彩人生。在追逐教育梦想的路上，自我革新是进行课堂革命的前提，点燃激情才会遇见火花，沉淀积累，创新运用才会结硕果。淬炼是痛苦的，没有凤凰涅槃般的蜕变又怎能重生？坚守信念，怀揣梦想，相信未来。期待遇见明天更好的自己！

（2019年8月26日于高铁）

自律是成功的通行证

——有感于路遥的《早晨从中午开始》

《早晨从中午开始》是路遥的《平凡的世界》的创作随笔。高一那年暑假，我第一次读《平凡的世界》。它是我至今真正用心读过多次的一部长篇小说，里面充满了朴实、勤恳、奉献、尊严。奋斗是青春最亮丽的底色，无论是路遥自己，还是他笔下的孙少平、孙少安，他们的青春都用以探索、追求、奋斗了。依稀记得，仅仅看了前面几段文字，就让我有一种欲罢不能的感觉。全身心地投入阅读，我的心情也随着路遥的描述一起波动。小说主人公对梦想的追求深深地激励着我。至今，我对这部长篇小说都情有独钟。《早晨从中午开始》记录了路遥如何下定决心写一部长篇巨著，如何用三年的时间准备素材和体验生活，以及他为何执意要在简陋得甚至有些艰难的环境中进行创作。真正热爱工作的人，他的日常生活和所作所为在常人看来是无法理解的。但也正是带着这样的情绪，才能创作出《平凡的世界》这样震撼人心的作品。

众所周知，路遥是一位用生命写作的作家，他用六年时间完成了《平凡的世界》这篇巨著，甚至差点付出生命。出于对《平凡的世界》这部作品的难以言表的喜爱，我翻阅了《早晨从中午开始》一书的简介及部分读后感文章。掩卷沉思，内心久久不能平静。书中写道："路遥的小房间里面，成沓成沓地堆放着写好的没写好的纸张，墙壁上贴着每日的工作量，月度计划、年度计划。他的早晨从中午开始，睡醒之后吃点馒头，喝杯咖啡，点一支烟，看看窗外刺眼的阳光，戴着厚厚的眼镜，然后伏案开始一天的工作，直到深夜一动不动。"

《早晨从中午开始》中写道：偶尔思绪打乱的时候，会想念孩子，孤独蔓延，怀疑自己在做什么。实在代入不到小说里面去的时候会去矿工中体验，到山里走走夜路，切身体会一下主人公的感受，以找到一种共鸣。他苛刻地要求自己完成每日进度，就算整个大纲框架，故事设计情节全部推翻，也得按照每天的量完成。当然，这对应的就是更少的休息时间，第二个中午的艰难开始。他的作品和他的人一样朴实，他信奉只有在无比沉重的劳动中，人才会更为充实。路遥花了三年的时间广泛阅读，收集素材，实地考察，搭建大纲，所有素材准备好了，第四年开始长达三年的创作。为了创作，他远赴黄土地，与世隔绝地生活了几年，这种放弃家庭、放弃健康的热情，苦行僧般的劳作，是何等勇气。一部作品的诞生需要作者投入多年的青春，反复推敲。他不仅想叙述一个简单的故事，而且要结合社会背景、世界背景，从简单的事件将读者带入当时的社会层面，甚至更高的层面。

令我最为佩服的是路遥为他人生当中必须尝试的一部长篇小说所投入的精力。有一个画面是“手长期拿笔抖动得厉害，他就将手泡到热水里面直到手不抖，又重新回到创作过程中。身体疼痛的时候，用脑袋枕着厚书，继续创作……”，当他完成巨著时，把圆珠笔潇洒地扔向窗外，然后点上一支烟平复自己的心情。这一刻，他什么也没有想，只记起了德国杰出的作家托马斯·曼的几句话：“……终于完成了。它可能不好，但是完成了，只要能完成，它就是好的。”

我想这种自律到近乎自虐的精神来自内心强大的追求。自律是拉开人生距离的关键，掌握好个人的时间就能掌控自己的人生。成功路上不拥挤，是因为高度自律的人并不是很多，拉开人生距离的从来不是什么天分，而是每个人对时间的掌控能力，是每个人背后的自律精神。长期坚持，无须提醒的自觉，说起来容易，做起来难。《人生》已经让路遥在文学界有一席之地，但他并不满足，也许他认为一个阶段的成功不代表一生的成功，路漫漫其修远兮，不出众就出局。

怀着对路遥的无限崇敬，写下这篇随笔。其实我们怀念的并不仅仅是路遥本人，更多的是怀念他通过文学作品带给我们对于生活的信念和信仰，使我重新认识、更加细致地懂得《平凡的世界》的沉重与厚重。行走在拼搏路上的我们，又何尝不需要这样的精神呢？“当热血和汗水汇成河流，必能冲破希望之门！”自律，是成功的通行证；拖延，是失败的墓志铭。自律，让我们更强大。此文献给所有正在奋斗的人们。

（2019年11月12日于高三英语办公室）

威海石岛省级工作坊主持人高级研修班学习记

经过十二个小时的行程，我终于来到了气候宜人的魅力石岛，参加2019年山东省“互联网+教师专业发展”工程省级工作坊主持人高级研修班。

吃过晚饭，七点钟，我们高中英语专家团队在石岛会议中心一层协和厅开始了第一次接触。我们团队由13人组成，其中8位是山东省第四期齐鲁名师建设工程人选，大多是我省高中英语界的大咖，如省教科院高中英语教研员陈元宝老师，淄博市教学研究室副主任、正高级教师、省特级教师、省第二期齐鲁名师、教育部国培专家邵淑红老师，威海市教研中心高中英语教研员、高级教师、首期齐鲁名师陶子萍老师，青岛六中、正高级教师、省特级教师、第二期齐鲁名师周汝宁老师，济南市莱芜第一中学、高级教师、省第三期齐鲁名师、山东省教学能手李胜东老师。高手云集，论剑石岛。初次见面，寒暄之后，陈元宝老师带领我们总结2018年指导工作，研讨2019年指导工作。然后我们讨论分工，将工作落实到每个人，既有协作，又有分工。

第二天上午，高中和初中学段的各工作坊主持人在群贤会堂开会。省中小学师训部主任王凯主持会议，省师训中心刘文华副主任在开班典礼上做重要讲话，提出要求和期望。合肥师范学院2.0工程办核心专家宋冬生教授做了《信息技术应用能力提升工程2.0：整校推进有路，整体提升有招》的报告。

随后，王凯主任就工程实施方案精心解读，并部署了工作任务；赵健工程师就研修平台及工作坊操作进行了演示和指导。

下午，我们团队在协和厅开始了整整一下午和晚上的工作。按照上午的工作会议精神及工作分工安排，邵淑红老师带领我们熟悉网络研修平台。在陈元宝老师、邵淑红老师、陶子萍老师及周汝宁老师的指引下，我们提交了2019年专业指导工作方案、团队任务清单与考核方案、优秀案例征集工作方案，制作并上传了第一期课程简报。我们齐心协力，集思广益，圆满完成了高级研修班规定的各项任务。

第三天上午，随机抽取十个省级工作坊做了大会交流，最后王凯主任做总结点评。三天的学习使我产生了一种强烈的紧迫感、使命感和责任感。

清晨享受早餐的时刻是我忙中偷闲最快乐的时光。坐在二楼的自助餐厅，喝着一杯带着清香的豆浆，透过飘窗，望着眼前的大海，风景宜人，美不胜收！饭后，漫步在石岛宾馆的小路上，徜徉在大海边，看潮起潮落，聆听海水欢快的声音。郁郁葱葱的松柏树和形态各异的岸边礁石，相映成趣！这是一天中仅有的十五分钟的最为惬意的美好时光。

（2019年6月30日 于威海石岛）

“互联网+教师专业发展”高中英语观评课实录

——我对三节观评课内容的总结

一、三节观评课

1. Book10 Module4 *Cultural Corner*课堂效果分析

本节课的设计符合《普通高中英语课程标准》的要求，设计的教学目标明确，各个教学环节比较清楚，任务活动采取由易到难的思路，各个活动有层次，有逻辑。整堂课体现了以生为主，教师为辅的原则。学生的积极性得以调动，学习欲望得以激发，各个层次的学生基本完成了各自的学习任务。

本节课在实施过程很好地体现了先学后教，以学定教的教学思想。课前从背景知识、文本阅读以及小组合作探究等方面为课堂教学做好准备，使学生带着思考和问题进课堂。在学习过程中，能够对信息技术进行整合，极大地提高了课堂教学效果。在教学环节设置上，首先课前通过让学生对电影进行介绍调动学生的学习兴趣，课中颁奖典礼视频的插入帮助学生更好地掌握文章内容，在授课过程中安排各种活动。

整体来说，本节课落实了英语学科的核心素养，注重学生素质的提升，课堂效率比较高。

2. Strategies for Details Understanding（阅读理解之细节理解策略）

课堂效果分析：在当堂的评测练习中，执教教师设计了自我挑战活动，每个学生选择一个挑战，其背后是一个关于细节理解的题目，学生都在较短的时间内完成了任务。但是整个教学过程也反映出学生不会分析句子成分，从而影响正确答案的选择，这些都是平时缺乏练习的表现。总的来说，学生的表现还是令人满意的，本节课的教学目标得以实现。但在今后的教学中，仍要多给学生机会，让学生多实践多练习，不仅鼓励学生自我归纳、自我表达，还要鼓励学生相互督促、相互检查、小组共同探讨研究等。只有这样，学生才能熟练扎实地掌握英语基础知识，提高英语语用能力。

这堂课的优点：教学目标明确，教学活动紧紧围绕目标而设计，目标的达成度相对较高；对教学内容的处理重点突出，难点突破；整节课的设计科学合理，环环相扣，围绕主题，前后呼应，结构严谨；教学理念新颖，注重面向全体学生开展丰富多彩的课堂活动，培养了学生的自主学习和合作探究能力；在教学中有开放性的任务型活动和探究性的学习内容，使学生有机会表达自己的看法和观点；做到了目标让学生明确，过程让学生经历，结论让学生得出，收获让学生交流；师生互动自然流畅，在教师的指导下，学生展示自己的思维和能力，教师及时总结、反馈；教学氛围宽松、民主、和谐，教师平等对待每一个学生，尊重每一个学生，使用鼓励性的话语；对于学习中有困难的学生，教师积极鼓励他们在学习中努力尝试。最后，几个句子起到情感升华的教育作用很不错，如Details determine success or failure。

不足之处：时间的把控上前松后紧，最后学生展示的部分有点仓促；在设计教学任务时，没有体现不同层次学生的发展水平；整堂课各环节的衔接过渡有些生硬；英语口语总体感觉不太好。

3. Book7 Unit3 *Under the sea*课堂效果分析

本课是一篇内容涉及虎鲸帮助人类捕鲸和救助落水者的两起逸事的阅读课，通过学习，让学生了解人类捕杀海洋生物的行为以及与它们做朋友和谐相处的情况，培养学生热爱和保护海洋生物的爱心，以及使学生树立正确的观念："海洋生物和人们是朋友"并要热爱和保护它们。结合学生已有的生活经历和体验创设教学情境，设计符合学生实际的课堂活动，如group discussion，showing performance等活动形式，激发学生的兴趣，调动学生学习的积极性；设计科学合理、有思维价值的问题，让学生在感悟、讨论、交流、辩论中深化自己的思想认识，形成正确的价值观，同时培养学生自主合作、分析探究问题的能力。由于大部分学生在生活中还没有接触过海洋生物，同时对于保护动物以及它们的生活环境还没有真正的体会，在showing performance环节学生可能无法淋漓尽致地把自己的真实想法表达出来。

本堂课的优点：利用图片激发了学生的学习兴趣，学生在小组活动中积极性都很高；教学活动以学生为主，教师的作用是负责组织、引导、帮助和监控，引导学生学会认知、学会做事，让学生经历获取知识的过程，关注学生各种能力的发展，促进其知识与技能、过程与方法、态度与价值观的全面发展，建立学生自主探索、合作学习的课堂模式。本节课课堂和谐、宽松、民主，深入落实了英语学科的核心素养，是一节高效的英语阅读课堂。

二、三节观评课对我们今后教学的三点启示

1.应该把课堂看作师生情感交流的场所

现在的学生有鲜明的个性、丰富的情感，他们需要理解、需要宣泄、需要沟通。因此，教师要和学生一起融入课堂，用自己良好、丰富的情感去感染、触动学生，消除与学生间的距离，激发学生说出自己的真情实感，点燃学生思想的火花，这样的课堂才能更生动，更具有感染力。

2. 精彩的课堂源于“动态”，源于“生成”

动态生成性课堂才能对学生产生更为深远的影响，才更有利于学生的成长和发展。教师要不断丰富自己的教学智慧，生成越来越多的“引领策略”，让学生真正成为课堂学习的主人，通过师生之间、生生之间的多元交流、多元互动，在互动交流中实现共同发展，从而更有效地实施动态生成性教学，使课堂成为学生自由翱翔的天空。

3. 要关注所有的学生，尊重学生的个性差异

教学设计必须根据学生的个性特长，尽可能地设计符合学生实际、发展学生思维能力的各种课堂活动，创设让每一个学生都有施展才能的舞台，培养学生的思维品质，促进全体学生的发展，让每一个学生都能在课堂上有所收获。

（2019年7月28日下午于长治许村）

研修，别样的修行

“修行”一词源自宗教，指修炼或修养德行，是从烦恼到觉悟、从此岸到彼岸的过程，旨在达到境界更高、胸怀更广、视野更宽的水平。而世俗的修行，无法避开红尘，最好的修行便是工作。在工作中如何修行？跨越式发展理论创始人东方赢说：“修行就是把工作与社会责任当成人生的最高目的与最高意义。真正的事业才是人类生命的本质、主体及核心需求，是生命的高级阶段。只有拥有真正的事业，才能驾驭自己的命运，才能超脱烦恼与痛苦，达到内心宁静与丰富多彩的幸福境界。”

我们需要通过修行来修正自己的行为。远程研修就是我们别样的修行。它是一个深入学习的机会，一次人生境界的修炼提升。2019年，我有幸作为高中英语省级工作坊主持人参与研修方案、团队任务清单与考核方案、优秀案例征集工作方案的制订，制作并上传了第一期课程简报。

作为学员和指导者，我真真切切地体会到：研修学习的态度决定了学习的实际结果。自觉主动的研修和被动的应付式的研修，效果截然不同。通过研修，我深深感到自己知识的匮乏，也看清了曾经的自己：安于现状、不思进取、缺乏危机感；工作中易被传统教学理念左右，没有创新。今年暑假，我做到了真正静下心，潜心研修，学到了许多对自己成长有益的东西，有了实实在在的收获。

通过观评优秀课例，我意识到：学生的学习应该是有意义的、有动力的、有效的学习，应该是会学、会用的学习，是真正能够促进学生发展的学习。专家指出，提升课堂教学的有效性是当前深化课程改革的关键和根本要求。有效教学走向优质教学，也就意味着教师从一般教师走向优秀教师。怎样提升教学的有效性，怎样从有效性教学走向优质教学呢？在教学中应不断探索，运用多种教学手段，处理好知识与能力、过程与方法、情感态度价值观之间的关系，处理好课堂欲设与生成等之间的关系。

“学习的目的是应用”。通过学习，我认识到自己的教学水平距离名优教师还有很大距离。对照自己以往的教学，我认识到对所教教材是一个初步的了解，体会尚浅。因此在以后的执教过程中，我要加强对教材的分析，利用所学理论去备课、备学生，认真讲课，积极研究课型，逐步在课堂教学中取得好的效果，使学生充分接收新的知识信息，多一些时间去体会，多一些时间发展学生其他方面的素质，为学生以后走向社会、融入社会、服务社会打下深厚而坚实的基础。观念的洗礼、知识的增长必然能为我今后的课堂教学工作指明方向。

通过听专家讲座，我明确了今后要注重自身人格魅力的塑造和培养，毕竟我们的人格影响着学生的成长。好教师引领学生向好的方向发展。教师的品位在于内外兼修，在于人格与专业的共同提升，修炼、充满激情与创新是成为优秀教师不可缺少的因素。在不想改变自己职业的情况下，我们要学会以教师这一职业为荣，追求自己的教育之梦。

教育是终身事业，是一个不断发展的过程。优秀教师应在繁重的教学工作之余，挤时间去学习充电：读书学习，方能使自己知识渊博、观察敏锐、充满自信，永葆教育智慧之活水永不干涸。坚持读书，读好书；多花心思在教学上，做教学的有心人；加强学习现代教育理论，并学以致用；积极改革课堂教学，让学生学得轻松愉快；提高教学效率，减轻学生的课业负担；坚持写教育反思，不断积累自己的教育经验。这些都是为自己的教育教学实践水平的提高做准备。

一切的学习都是为了自己的实践，否则皆为空谈。把工作当成修行，研修则是别样的修行。它最终既能成就事，又能成就人。我们要认清自己肩负的历史使命，树立崇高的职业道德信念，为祖国培养出具有全面素质的创新人才。在今后的教育教学中，我会不断学习并运用现代远程教育资源，在提高自身素质的同时增强学生的学习兴趣，认真落实立德树人的根本任务和高中英语学科核心素养，做一名优秀的人民教师。

（2019年7月29日下午于长治许村）

教学反思是教师走在智慧跑道上的助推器

沉下心来，静静思考，如何实现自我专业成长？叶澜教授曾经说过：“一个教师写一辈子教案，不一定会成为名师；如果一个教师能写三年反思，就有可能成为名师。”可见教育反思在教师专业成长中起到了一定的作用。

反思自己，在平时的教学过程中认识不够，有时不太愿意进行教育反思，总把写反思当作一种负担。教案中强调教师要写教后反思，但自己真正用心去写的时候不多，即使写也都是敷衍了事，每学期的总结也是如此。总体说来对自己的教育教学实践没有真正反思。

我常思考我们生命的意义在哪里。从教已十九年，自我发展到了一定的瓶颈。有时不想突破，也不敢突破，墨守成规，穿新鞋走老路。我的人生已过大半，认真思考，也许教师生命的崇高意义和价值在于不断超越自我，不断焕发生命活力，最终实现自我蜕变。我们应拓展自我专业发展的内涵，设计自我专业发展的路径。

读书可能是自我发展的最好伴侣。用心读书才能提升自己的思想境界。为了寻找真正属于自己的思考与创造，印证笛卡儿说的“我思故我在”的真理，我们就需要站在课堂教学的舞台上放眼看教学世界的天空，走在智慧的跑道上，以此促进教学行为的改观，而不是躺在感知的温床上。

反思是一种站立在自我之外的批判地考量自己能力的行为。反思自己必然要经历忍受自身痛苦的抉择和享受改观后快乐的幸福。反思也许是自我成长中的必然经历。我们的专业反思包括三个方面：一是对教学技能的反思，二是对教学策略的反思，三是对教学理念的反思，归根到底是对自己教学行为的反思，而这需要我们学会对教学事件的敏感反应和反思自觉。个人的反思绝不是说空话和套话，而是面对不同时期不同事件的审视与批判，是为了解决教学中的具体问题。为了反思，必须读书、读人、读人生，从书籍和人际交往中寻找自己的精神同伴和人生范例，经常用读书笔记或教学笔记来记录反思内容，用换一个角度思考问题的方法来做出正确的选择和改变。这是一种经验的体悟。反思必须渗透我们的日常教学，应成为一种专业生活方式，把反思的理性认识落实到具体的教学行为之中予以检验。

反思本身就是一种创新，反思的过程实际是对问题本质的追问。教学反思是教学行为、教学理念、教学艺术的反思。通过反思，我们可以积累教育教学经验，不断更新教学观念和完善教学行为，以此提升个人的教学水平，提高教学质量，让自己走在智慧的跑道上，使自己的教学变得精益求精，渐趋完美。

（2019年8月10日晚于沾化一中小高层）

做教师自我专业化发展的有心人

——学习教师专业发展理论要点摘录及心得体会

通过阅读有关教师专业发展的文章，我们不难得到以下概念或结论。

一、教师的专业素养

教师的专业素养指的是教师作为一种职业角色所需要具有的教育教学专业的知识、技能、能力及品行素养，包含专业态度、专业知识和专业能力三个方面。

1. 专业态度

教师的专业态度指的是一种专业的精神，需要具备良好的职业道德观、世界观和人生观，从而自觉履行教书育人的神圣职责，实现生命主体的自觉性。

2. 专业知识

教师的专业知识包括学科性知识、条件性知识和文化性（或社会性）知识。形成多层复合的知识结构，最基础层面的是任教学科的专门性知识与技能，了解它的发展历史与趋势，用该学科提倡的独特的认识视角和思维方法来实施良好的学科教学，而且要求每位教师熟悉教育学、心理学等条件性知识，帮助教师认识学生，形成积极的教育观；主动接受当代人文科学方面的文化知识，开阔阅读视野，增长智慧品质。

3. 专业能力

教师的专业能力可以理解为学科教学能力、教学研究能力和职业生涯规划能力。学科教学能力包括灵活处理教材、教法的能力和组织教学的能力；教学研究能力主要指研究学生和教学的能力，它反映出教师专业工作中突破教学经验，综合性、创造性地形成解决问题的能力，是使教师工作更富行为魅力的一种标志。

二、职业生涯的规划能力

职业生涯规划可以从“过去的我是怎样的”“现在的我能怎么样”和“将来的我还能怎么样”三个层次予以解剖和设计，是一种回顾过去、面对现在、展望将来的生命谋划。

当前，教师的职业枯竭问题是心理健康界和教育界共同关注的问题。“枯竭”在现代汉语词典里是“干涸、断绝”的意思，职业枯竭也可称为职业倦怠或心理枯竭，是在工作重压之下身心疲惫的一种状态，是身心能量被工作极度耗费的一种表现。教师的职业枯竭，是指教师在教育教学过程中，由于长期的工作压力、心情紧张及较低的成就感，在一定的职业发展阶段中所产生的情绪低落和身心疲乏的心理状态，主要症状表现为疲劳、头痛、失眠、行为迟缓、智力衰退、情绪松懈、成就感低。它侵害教师的职业情感，弱化教师的职业美感，动摇教师的职业信念。为了改变这种现象，需要对教师的生存状态进行生命关怀，让教师获得生命的自由。

经验表明，要解决教师的职业枯竭问题，就要刺激个体的成长期望，改善个体培训组织。教师的专业发展是一个不断变化扩容的过程，教师的内心世界是一部不断滋养丰盈的巨著，教学的过程永远是一种心灵对话的过程。帕克·帕尔默在《教学勇气》中回答教师怎样才能注意来自内心的声音时建议：独处静思，沉思默读，野外散步，坚持读报刊，找一个可以倾诉的朋友。我的理解是：要学会自我倾诉，与自己的心灵对话，寻找心灵世界的导师；要学会相互倾诉，沟通彼此的心灵，编织心灵世界的地图。只有认识了自己才能找回自信，只有找回自信才能自我改进，从问题中深入反省，求得对教学的深刻认识，在否定自我甚至毁灭自我的过程中赢得自我的新生。在学校组织内，应积极构建平等、民主、宽松、包容的学校氛围，建立公正公开的评价制度，既讲和谐协作，又讲合作竞争，实施人性化管理，在构建精神家园方面充分重视教师的主体角色，让教师获得自我超越的精神享受。

那么，如何实现自我专业化发展呢？

三、积极的心态是教师专业化发展的前提

积极的心态就是一份对工作的热情和热爱。就以我们国家一些教育专家或比较知名的校长为例（如魏书生、任小艾、李烈等，当然还有许多在教育方

面有巨大成就的教育专家），他们都有一个共同点，那就是他们没有把教书单纯地当成一种谋生的手段，而是当作一种乐趣，把工作看作生活的一部分。他们凭着对工作执着的爱，在平凡的岗位上做出了超乎寻常的业绩，实现了自己的人生价值。

我们在写工作总结时，都会这样写：热爱党的教育事业，对学生认真负责，工作勤勤恳恳。这些大部分教师还是能做到的，但是如果要说发自内心地热爱教育工作，我想就寥寥无几了。如果教师能把每一节课当成检验自己教学能力的机会，或是施展自己才华的舞台，就会发现，原来讲课也可以很有趣，就不会再抱怨：今天的课怎么这么多？也不会再抱怨：××同学怎么这么笨？而是会走近他，寻找他的长处和闪光点，选择适合他的教育方法，和他一起成长。

四、学习借鉴是教师专业化发展的有效途径

作为新时代的教师，我们一定要树立终身学习的观念，变“一桶水”为“常流水”，使学习成为自己的一种内需。

“没有时间啊！”有的教师可能会这样说。是啊，教师和所有人一样，也要做家务，也要教育自己的孩子，因此就需要时间。记得苏联大教育家苏霍姆林斯基在《给教师的建议》一书中举了这样一个例子：一位有30年教龄的历史教师上了一节公开课，区培训班的学员、教育局视导员都来听课，课上得非常出色，以至于听课的教师竟忘了做记录。课后，邻校的一位教师请教这位历史教师：您花了多少时间来备这节课？不止一个小时吧？那位历史教师说：“这节课，我准备了一辈子。”这段答话为我们开启了一个窗口，使我们窥见了教育技巧的一些奥秘。那么，怎样进行这种准备呢？这就是读书，每天不间断地读书，与书籍结下终身的友谊。潺潺小溪，每天不断注入思想的大海。读书不是为了应付明天的课，而是出自内心对知识的渴求。一些优秀教师的教育技巧的提高，正是由于他们持之以恒地读书，不断地补充知识的养分。

我们也要像教育专家那样，做学习的有心人，在书本中学习，学习教育教学理论和各种专业知识、政治思想理论，增强自己的理论修养；也要在“无字处”学习，学习其他教师丰富的教学经验、高尚的师德修养，以此达到取长补短的目的，就像跳棋那样，双方互相利用，让自己趋于完美。除此之外还要广泛地阅读各类有益的书籍，学习各个领域的知识、技能，特别要学习现代信

息技术，不断构建、丰富自己的知识结构。

五、教学反思是教师专业化发展的重要手段

许多教师没有充分认识到教育反思在教师专业化成长中的作用，不太愿意进行教育反思，总觉得写反思是一种负担，教案中强调教师要写课后反思，但真正用心去写的不多；无论是写论文还是总结，也都是敷衍了事，总不想认真反思自己的教育教学实践。

反思的过程实际是对问题本质的追问，反思是校本研究最普遍的形式。教学反思是教学行为的反思、教学理念的反思、教学艺术的反思。教师可以积累教育教学经验，并从中吸取教训，不断更新教学观念，完善教学行为，提升个人的教学水平，提高教学质量，使自己的教学精益求精。

总之，在专业化发展的道路上，有积极的心态，有扎实的学习，有深刻的反思，我们就能达到“职业有认同感，事业有成就感，人生有幸福感”的理想境界。愿作为教师的我们在专业化发展的道路上迈出矫健的步伐，让脚下的教育之路越走越宽！

（2019年8月11日中午于一中小高层）

自我革新是进行课堂革命的前提

新学期伊始，我确立了“用激情点燃课堂，把每一节课作为生命成长的土壤，把每一课作为教学研究的对象，挖掘潜能，和学生共享生命成长”的教学信念。从教十九年，我深知只有用心做教育，潜心做教师，才能成为“明”师。在教育旅程中，用智慧开创教育之路，才会成就自我梦想；用爱心唤醒生命，塑造学生灵魂；用执着、智慧和情操进行自我革新，让教育之旅如诗如歌！

课堂是教学的主阵地。高效课堂是重建“以人为本”的课堂行为，是以学生为主体的课堂。高效课堂重构新型师生关系，实现教学高效率、高效益、高效果，改变对以应试为目的，以知识为指向，以灌输为手段，眼中无“人”的传统课堂教学模式。高效课堂是以学生学习能力提升为目的的。高效课堂是推动学科核心素养落地的助推器。在传统课堂上，我们过多强调教师的教而忽视了学生的学，课堂如一潭死水，学生学习兴趣低。当我们意识到开发学生创新思维、提升学习能力对学生身心发展的重要性时，课堂改革就势在必行了。教给学生自主探究、自主学习获得知识的方法是高效课堂的核心所在。在这样的课堂中，我们会看到思维的碰撞、知识的挖掘，充满生机，让人着迷。教师从枯燥的说教中解脱出来，学生在实践验证中获得真知，从而实现“教，是为了不教”。

未来高效课堂的实施必然遵循“学生主体、学情主导、教师助推”的原则。“以生为本”的理念需要渗透课堂教学的每一个环节，但不能过分夸大学生的主体地位，忽略教师自身的作用，也就是助推、点拨的作用。因此，在课程实施中，我们要正确认识学生和教师的角色定位，把握好二者的关系，才能真正促进高效课堂的实现。

高效课堂的构建必然促进教师的学习。那么如何构建和实施高效课堂呢？

一、教学理念的转变

我们要改变固有理念，接受前沿教育理念。在课堂教学实践中，我们要学会处理遇到的各种各样的问题，并通过思考、学习、研讨解决。我们只有不断地学习和实践，才会运用新的课程理念，实施有利于教学的方法，从而促进学生的学习和发展。教而不研则罔，研而不教则空，学然后知不足，教然后知其困，研然后知其美。从古至今，教育的目的是永远不会变的，变的只是教育策略。教育理念百花齐放，正是我们在教育之路上留下的探索的脚印。

二、自身素质的提升

我们都有自己的不足和短板，作为教师要有突破自我的勇气和自信，毕竟“新课程改革，变在学生，改却在教师”。我们要针对自己的不足，持之以恒，自我革新。成长是生命内在的需求，幸福是快乐和意义的结合，成长与幸福相伴，共享目标与追求。任何个人发展瓶颈的突破都需要强大的内生动力。只有经历苦行僧般的修行、炼狱般的自我训练，方能实现个人的自主发展。于漪老师曾说：人生两把尺子，一把是量别人的长处，一把是量自己的不足！与智者为伍，与高人同行，发现自己的不足，以不改变自我誓不罢休的信念，以坚定的信念自我革新，让生命成长，让幸福相伴。

作为一名高中英语教师，以灵动英语让人生充满精彩，以有效教学让课堂充满灵气。

（2019年9月10日于高三英语组办公室留作教师节纪念）

基于高中英语学科核心素养的读后续写教学策略探究

读后续写是英语高考新题型，2016年10月由浙江省首次使用。浙江省至今考了六次，前四次是读后续写，后两次是概要写作。教育部在修订《普通高中英语课程标准》时明确指出，语言能力、文化意识、思维品质和学习能力是英语学科四大核心素养。该题型旨在通过读写结合，检测学生的英语阅读理解能力与书面表达能力，考查这些能力的背后就是落实高中英语学科核心素养。为了培养学生的英语学科核心素养，作为高中教师，在平时的英语教学中要重视语篇的整体教学，加强学生书面表达的基本功训练，关注跨文化意识和系统思维的培养。学生在语言、文化、思维等方面的能力的提升必然促进读后续写的能力的提高；同时，读后续写能力的提升也是落实高中英语核心素养的有效载体，有助于培养学生的想象能力、创新思维能力和语言表达能力。

一、读后续写题型解读

从试题结构看，读后续写评价的是阅读理解能力和书面表达能力，要求考生读懂350词左右的短文、段落的开头语和语篇中的关键词，并使用关键词语写出两个段落；从试题的阅卷要点看，读后续写更加明确语言、文化、思维等方面的能力指向，与英语学科核心素养相吻合。考查的主要内容包括以下四点：①与所给短文及段落开头语的衔接程度；②内容的丰富性和对所给关键词语的覆盖情况；③应用语法结构和词汇的丰富性和准确性；④上下文的连贯性。（教育部考试中心，2015）

1. 选材特点

（1）阅读的文本词数在350以内。

（2）以记叙文故事类文章或者夹叙夹议类文章为主。

2. 评分参考

阅卷时主要注意：

（1）所续写短文的词数应为150左右（词数少于130的，从总分中减去2分）。

（2）应使用5个以上短文中标有下画线的关键词语。

（3）续写部分分为两段，每段的开头语已写好。

（4）续写完成后，请用下画线标出所使用的关键词语。

3. 读后续写题型特点

（1）读后续写不能随心所欲，要在引导语（开头语）和提示词的帮助下完成续写部分。

（2）续写短文多以记叙文故事类文章或者夹叙夹议类文章为主，故事情节有曲折、有起伏，但是，故事线索的逻辑性比较强。

（3）读后续写要求读写并重。

（4）所给文章的未完部分的思路和内容并不一定是唯一的，考生可以根据自己对文章的理解，对文章的结尾有不同的诠释。

二、读后续写的教学原则

培养学生的读后续写能力要关注四个方面的能力：把握短文关键信息和语言特点的能力、语言运用的准确性和丰富性的能力、对语篇结构的把控能力以及创新思维能力。

1. 教师需坚持的三个原则

在读后续写教学过程中，作为教师要坚持三个原则：一是坚持问题驱动原则。学生通过问题驱动，学会分析、梳理、思考，实现对阅读任务的完成，达到思维能力提升的目的。二是搭建支架原则。依据阅读文本特点和学生认知水平，教师可引导学生通过提炼话题语言、归纳功能语言和感知修辞语言等方式来搭建语言支架（包括思维支架、内容支架和情感支架）。三是评价与反馈原则。树立以教师为主导、学生为主体的观念，着力提高学生自我修改和同伴互评的能力。

2. 学生学的方面应强调三个原则

一是合理性原则。学生需要对所提供阅读材料精准理解，理顺人物、时间、地点、故事情节、因果关系等要素。

二是探究性原则。学生要认真研读、深入理解所给材料，并在每段引导语（开头语）和10个下画线提示词的帮助下，领会前文立意，合理预测下文情节，提炼故事主题，梳理篇章结构，为下笔续写做好充分铺垫。切忌随心所欲，没读懂文本就草率下笔续写。

三是开放性原则。学生可以根据自己对所提供阅读材料的理解对文章的结尾有不同的诠释。

三、读后续写步骤

（1）静心研读文章，寻找文章线索，掌握文章大意。

（2）认真审题，明确续写要求，如使用几个画下画线的关键词语、续写段落的首句提示等。

（3）重读原文，想象续写内容。快速回读短文，揣摩文章的思路。一定要把握好段首的提示语和画线的提示词语，确定续写段落的内容。

（4）拟写草稿，修改错词病句。结合提示语和文中画线的关键词拟写草稿，注意句子结构的多样性，语言的丰富性，上下文的衔接。

（5）标出所使用的原材料中标有下画线的关键词语，誊写文字时务必注重书写。

四、读后续写方法技巧

（1）读懂原文，紧扣中心，以原文的结局为起点，写出故事情节的发展和变化。

（2）展开合理的推想。多角度地想象出几种情况或结局，从中选取最优的。

（3）注意原文和续写部分段与段、句与句的衔接，做到前后照应，符合逻辑。与上文紧密联系，使上下文融为一体。

（4）关注原文的主要角色，续文中不要丢掉，最好不要增加影响事件结局的新角色。

（5）注意确保四个一致：

① 要与原文的主题或作者的本来意图保持一致；

② 要与原文的体裁、结构、写作手法保持一致；

③ 要与原文的语言特点和叙事风格保持一致；

④ 主要人物的思想行为、性格特点要与原文保持一致。

五、读后续写教学建议

读后续写有利于学生的语言能力、文化意识、思维品质等英语学科核心素养的培养。我们在日常课堂教学中，在重视英语双基的基础上，要关注语言背后的文化意识和思维品质的培养，把语言、文化和思维融合为一个英语学习活动的整体。

1. 要重视语篇教学

不同的语篇类型有不同的语篇结构，如记叙文是由人物、时间、地点、情节（起因、发展和结局）组成的。无论是理解还是表达，只有理清文本结构，才能正确把握各种信息、观点之间的关联。针对读后续写，教师要引导学生分析语篇结构，梳理文本中的各种线索。同时，我们在选取材料时要选择话题贴近生活、有趣味性、难度适当、内容能延伸拓展、能激发学生思维和写作冲动的材料。

2. 要重视系统思维的培养

在平时的教学活动中，我们要有系统、有目的地发展学生的思维能力。尤其在阅读教学中，可以通过设计各种有针对性的问题，有意识地引导学生进行观察、比较、分析、推断、归纳、建构、批判、创新等从低级到高级的各种心智活动。在读后续写教学中，要充分利用思维导图更好地帮助学生掌握人物、事件之间的关系以及矛盾冲突，了解事件的来龙去脉，为连贯、合理地发展故事情节做好铺垫。

3. 要重视跨文化意识的培养

在语篇教学中，语言与文化是不可分割的整体。如果语言中没有文化信息，那就只是按照语法规则组合起来的符号，就构不成语篇；当然离开了语言载体，文化也无法有效呈现。《普通高中英语课程标准（修订）》倡导六要素，英语学习活动中，将知识分为语言和文化两部分，并通过语篇融合，表达主题意义，实现语言与文化的同步学习。针对读后续写，在平时记叙文的学习中，教师要引导学生关注故事的文化背景、文章写作的目的等，帮助学生提高对主题意义的理解。我们深知：教材的局限性是满足不了读后续写的——新题型，所以在平时的课堂教学中，我们要多输入英语国家的文化背景知识，增加学生文学作品的阅读量，使学生大量累积关于情绪情感和动作行为的词汇和表达方式；引导学生主动阅读教材以外的报纸、杂志、经典英语小说，享受英语的美感，随时做摘记，建立一本写作摘记本，见到好词、好句、好段落，立刻记到本子上，反复背诵，并运用到口语和写作中。

4. 要重视写作能力的训练

从学生的答题情况看，我们发现学生在遣词造句、行文谋篇方面做得不够，具体表现为拼写不准确、词形变化随意、句子结构混乱、篇章前后不连贯等，严重影响了读后续写的质量。我们要有计划、有目的、有步骤、有方法地训练学生的写作能力。可以从遣词造句到篇章结构，有阶段、有侧重地训练学生的书面表达能力，即从准确拼写单词到学习组词，从建构词块到写完整的单句，从写完整的单句到写意义连贯的双句，从学会写意义连贯的双句到写上下呼应的多句组合，从学会写上下呼应的多句组合到写完整的段落，从学会写完整的段落到写整个语篇，从背诵模仿到自我创作，逐渐训练学生的书面表达能力。

加大读后续写的训练力度，在训练中提升。我们知道好作文是改出来的，因此我们采用了学生本人批改、学生交换批改、教师批改三管齐下的批改方法。批改从语言、内容、逻辑、书写四方面展开。学生自己批改，能够掌握作文批改的能力，能够慢慢掌握好作文的标准；学生之间不定期地交换批改，换个角度，旁观者清，在思维碰撞中相互提高；教师批改，集中发现学生的共性问题，最大限度地发现和纠正共性问题。学生要主动改正习作中的错误，并将错误分类，订正重写。这种多管齐下批改文章的方式必将使学生从语言、思维、逻辑及书写上有突飞猛进的发展。当然，所有的训练必须要求学生限时训练，从而适应考试的要求，提高学生的写作速度。

六、读后续写备考建议

距离2020年高考仅有8个月时间，面对读后续写这一新写作题型，在了解了其特点和写作技巧之后，考生只要加以适度练习，解答新题型就可以做到得心应手。

1. 经常实施微型化训练

微型化训练也就是对所读文章的某一段落进行设想。根据某一段落的首句提示，结合文章的上文对该段进行合理设想，具体推断该段可能要讲述的内容。

2. 进行适度专题化练习

俗话说，熟能生巧。对于读后续写这一新题型也是如此。通过适度练习，学生可以进一步熟知该种题型的特色，更好地掌握该种题型的写作技巧，更有效地调动传统写作的基础知识，从而写出一篇优秀的续写短文。

读后续写是英语学科核心素养背景下的一种评价手段，是高考英语重点考查的一项内容，也是语言输出的一种高级形式，是学生思维水平和综合语言运用能力的直接体现和衡量标准。读后续写题型的训练，不仅能够培养学生的思维能力，还能为学生营造一种民主轻松的写作环境，让学生在写作的过程中发展良好的思维品质，从而促进英语学科核心素养的形成。因此，我们应从核心素养的源头抓起，自觉在课堂教学活动中落实，学生的读后续写能力才能得到真正提高。

（2019年9月25日为滨州市高三一轮备课会撰写的发言稿）

用心用情做真教育，书写如诗如歌人生

——读邵淑红老师著作《灵动英语课》有感

著名教育学家第斯多惠说过："教学的艺术不在于传授本领，而在于激励、唤醒与鼓舞。"邵淑红老师用自己几十年的实践和坚守很好地诠释了这句话。我与邵老师第一次相识，是在省远程研修高级研修班上。邵老师是我们的副组长，我以齐鲁名师建设工程人选的身份有幸和邵老师等省内各位英语界大咖近距离接触。邵老师严谨的治学态度和雷厉风行的工作风格给我留下了深刻的印象。第二次相见是在第四期齐鲁名师开班仪式上，邵老师以往届齐鲁名师优秀代表的身份为我们做了一场精彩的个人成长报告。邵老师的成长经历深深打动了我，她所推荐的著作《灵动英语课》深深吸引了我。我在网上购买了这本著作，细细品读后，收益颇多。

这部著作是邵老师三十年教学实践的总结，书中记述了师生共同创造的一个个鲜活、生动、感人的英语学习事例，形成了健康、积极、活泼的英语学习氛围和丰富、富有创造力的学生英语学习成果，这一切均源于邵老师的敬业、努力、爱生、创新的英语教学实践。全书探讨了如何将英文电影、戏剧、歌曲、俱乐部、演讲、报刊阅读、背诵、口诀、听评课等活动设计有效运用到外语教学氛围的营造中；从英语教师如何激发学生学习英语的兴趣、快乐学习的角度和如何创设教学艺术氛围的角度，全面系统地阐释了灵动英语课的魅力所在。例如，观赏电影，在情境中积淀素养。英语电影观赏为学生展开了一幅生动直观的西方文化风俗画卷。喜剧表演，学生在"用中学"中实现潜能最大限度的开发；听唱英文歌，学生在悠扬的曲调中尽显英语魅力；组织英语Club（俱乐部），在切磋琢磨中提升技艺；英语演讲，学生在公开展示中秀出自己的风采；英语报刊阅读，学生与时代活水亲密接触；"三读"齐步走，英语高分是读出来；等等。在邵老师的课堂上，学生喜欢学习英语，在邵老师创设的英语学习氛围里，学生“乐疯了”“演活了”“唱响了”“说顺了”，学习英语的潜力得到最大限度的开发。邵老师的灵动英语课堂，让学生爱上英语，让学生秀出英语风采，让学生变成英语先生，让学生变被动学英语为主动学英语……细细品味《灵动英语课》这部书，我们发现邵老师所做的一切不仅传授了学习英语的技巧和方法，更重要的是通过邵老师教学方式的转变为她所教过的每一个学生打下生命的底色！从这部书中我们可以看到，邵老师的灵动英语课堂是充满激励、唤醒与鼓舞的课堂，充分彰显了学生学习英语的主体地位，通过激发学生的学习兴趣，让学生兴奋起来，以饱满的精神投入到学习活动中，用个性化的极具特色的活动课程吸引学生。读完之后，我感觉这部书实用，接地气，真切地明白一切有益的教育理论都源自教学实践，也只有来源于教学实践的理论才会有更长久的生命力。

在这部书中，邵老师提出了她的英语教学理念。邵老师认为，“英语教育应当是人的教育，是要教会学生用英语来学习文化、认识世界和培养心智的一门科学。母语教育是一种传承，英语教育是对另一种文化理解、吸收和消化的过程。英语教育的特殊性就是让学生用英语‘学文化，启心智，爱生命’”。《灵动英语课》就是谈她自己的课堂，它的形式和内涵是什么呢？是“彰显学生学习英语主体地位的课堂，是通过激发学生的学习兴趣，用个性化的极具特色的活动课程吸引学生，努力实现校本课程特色化的境界，打造灵动趣味的英语课堂”。几十载实践并能坚持下来，没有强大的自律能力是绝对做不到的。而邵老师的信念恰恰是“用一生的时间去打造自己，锤炼教育教学语言，立志成为一个讲究审美与教育艺术的教学专家。把文化、思想和对学生的爱与责任的理想、信念都内化为自己的东西，形成自己的独特的教育教学语言，为学生的发展努力，为自己的事业全‘命’以赴，让课堂不再功利，让生命在课堂拔节，让教育回归本源！The heart of education is the education of heart”。

字里行间，不难发现邵老师对学生深深的爱与对教学孜孜不倦的执着，她将这份永无止境的追求融入每一个的教学环节，在如诗如歌的教育之旅中，收获的是学生的成长与感恩、同行的赞扬与尊重。邵老师是一位令人尊敬的好老师，她尊重、喜欢自己的专业，具有基础的学科知识储备和灵活运用学科知识的能力；她对自己从事的英语教学有着深厚的感情，自愿在自己的教学岗位上传递知识，深情投入，享受教学过程和教学工作带来的成果和乐趣。邵老师是一位用心教学的老师，是一位自信的老师，是一位有魅力的老师，是一位霸气的老师。向邵老师学习，做一个会教书、勤思考、懂生活、能发展的老师；向邵老师学习不仅关注学生的学习，还注重个人的专业发展，快乐工作，享受生活。

好的英语教师是学生英语学习的良师益友。从邵老师的成长经历不难发现：优秀教师必然能够从学生学习的需求出发，研究教学阶段性发展目标，与学生一起建构健康、和谐、有效的课堂，突破英语学习的心理挑战和学习难点；优秀教师必然能够抓住各种机会，创造有意义、形式新颖、内涵丰富的英语学习和实践活动，帮助学生尝试应用英语并享受英语学习带来的快乐，使学生的语言学习过程成为其学校生活和人生经历中愉快、积极的正能量；优秀教师必然有专业成长的感悟力，他们不断反思自己的工作，然后归纳和总结，实践和提升；优秀教师必然会从一个热爱学生、热爱工作的实践者逐步走向成熟，成为学生喜爱的老师，成为名师，进而引领学生学好英语、用好英语。

帕克·帕尔默在《教学勇气》中说："真正好的教学不能降低到技术层面，真正好的教学来自教师的自身认同与自身完整。"读邵老师《灵动英语课》中的"我的教育情怀"章节，我深深感受到邵老师正是把自我追求、职业的信念融入工作中，才会在几十年的教学生涯中把自己、学科和学生联合在一起来编织师生共同的生活。

作为一名高中英语教师，向邵老师这样的名师学习是我今后努力的方向。在第四期齐鲁名师建设工程人选三年培养期内，我要努力提升自己的教育理论水平，结合自身的教学现状，用心打造自己的高效英语课堂，让自己的英语课堂也能够灵动起来，让英语学习成为学生的一种享受。同时学会处理工作和生活的关系，在工作中不仅是付出，也要获取：获取自身的成长，获取成功的愉悦。我深知：快乐源于幸福生活，源于不断成长。因此，我要把工作、把课堂看成自己的人生舞台，每天到校不是去工作，而是在快乐地度过生命中的每一天，追求自己的专业成长。邵老师曾说过：成功的路上并不拥挤，因为坚持的人不多，所以"剩"者为王；让我们全"命"以赴，爱上英语教学，在成就学生的同时成就自己的美好人生吧！

我相信通过向和邵老师一样的名师学习，加强教育专业知识学习，提升自己的思考力，更加系统、深刻地总结和分析自己的工作经验，能成为更高层次的“明”师。我要勤于反思、总结经验、提升对英语教学的认识，用一生的时间去探索、品尝、享受英语教学的魅力和幸福。我愿意像邵老师那样，和有教育梦想的人一起走在坚持的道路上！

（2019年10月25日晚于沾化一中小高层）